Isolde Lenniger
Entspannung und Konzentration

Lehrer-Bücherei: Grundschule

Herausgegeben von
Horst Bartnitzky und Reinhold Christiani

Isolde Lenniger

Entspannung und Konzentration

•

Grundlagen

•

Ruhe-, Atem- und Körperübungen

•

Praxishilfen für die Klassen 1 bis 4

Cornelsen
SCRIPTOR

Gedruckt auf chlorfrei gebleichtem Papier
ohne Dioxinbelastung der Gewässer.

Deutsche Bibliothek – CIP-Einheitsaufnahme

Lenniger, Isolde:
Entspannung und Konzentration: Grundlagen;
Ruhe-, Atem- und Körperübungen; Praxishilfen für die Klassen 1 bis 4 /
Isolde Lenniger. – Frankfurt am Main: Cornelsen Scriptor, 1995
(Lehrer-Bücherei: Grundschule)
ISBN 3-589-05038-1

5.	4.	3.	2.	1.	Die letzten Ziffern bezeichnen
99	98	97	96	95	Zahl und Jahr des Drucks.

Redaktion: Heike Friauf, Frankfurt am Main
Herstellung: Kristiane Klas, Frankfurt am Main
Umschlagentwurf: Studio Lochmann, Frankfurt am Main
Satz: FROMM Verlagsservice GmbH, Selters/Ts.
Druck und Bindung: Clausen & Bosse, Leck
Printed in Germany
ISBN 3-589-05038-1
Bestellnummer 050381

Inhalt

Einleitung

Entspannung und Schule – ist das nicht ein Widerspruch? Gehört die Entspannung nicht in das Privatleben? Ist die Schule nicht ein Ort, an dem Schülerinnen und Schüler sowie Lehrerinnen und Lehrer arbeiten, ja sich anstrengen sollen, um in erster Linie Rahmenpläne zu erfüllen? Um eine Antwort auf diese Fragen zu finden, ist es notwendig, sich mit der Realität des Schulalltags und den Sorgen und Nöten von Schülern und Lehrern auseinanderzusetzen.

Repräsentative Studien belegen, daß immer mehr Kinder und Jugendliche unter sozialen, psychischen und physischen Problemen leiden (Hurrelmann 1993, S. 15 ff.). Das heißt, in beinahe jeder Schulklasse sitzen Kinder, die in ihrer Wahrnehmung beeinträchtigt, orientierungslos, zunehmend gewalttätig sind und sich nicht in formelle Gruppen einfügen können. Bei fast allen Schülerinnen und Schülern sind Konzentrationsschwäche und eine verstärkte motorische Unruhe zu beobachten. Petermann/Petermann (1991, S. 15) weisen darauf hin, daß insbesondere aggressive Kinder unter einer ständigen physischen und psychischen Anspannung leiden. Diese führt zu einer motorischen Unruhe, die jedes zielgerichtete Arbeiten mit ihnen erschwert. Manchmal entladen diese Schüler ihre angestauten Muskelspannungen, indem sie zuschlagen.

Darüber hinaus weisen Studien auf erhebliche psychosomatische Beeinträchtigungen von Kindern und Jugendlichen hin (Träbert 1993, S. 3).

Sind Kinder mit solchen Problemen belastet, wirkt sich das negativ auf ihr Sozial- und Leistungsverhalten aus. Die Ursachen liegen u. a. in der gefühlsarmen Erziehung in vielen Familien (Heitmeyer 1992, S. 3, und Hensel 1992), in der Reizüberflutung durch die Massenmedien, in einem gestörten Selbstwertgefühl und auch in der Bewegungsarmut.

Will die Schule die Situation der Kinder verbessern, so muß sie mit ihren Unterrichtsinhalten und Methoden auf diese Probleme eingehen. Darüber hinaus sollten Lehrerinnen und Lehrer in ihrer Aus- und Fortbildung trainieren, diese neuen Methoden und Inhalte auch in die Praxis umzusetzen. Nach meinen Erfahrungen können Entspannungsübungen ein Element schulischer Arbeit sein, das *an den Problemen der Kinder ansetzt* und auf lange Sicht hilft, sowohl die Konzentration und Gesundheit der Schüler zu stärken als auch aggressive Spannungen abzubauen oder ihnen vorzubeugen.

Durch bewußte Entspannungsübungen können die Schülerinnen und Schüler lernen, ruhig zu werden und zu sich zu kommen. Diese zeitweilige bewußte Konzentration auf die innere Welt kann ihnen eine Sicherheit geben, die ihnen hilft, sich in der äußeren Welt zu orientieren. Entspannung, die darauf abzielt, die äußeren Reize einmal bewußt beiseite zu lassen und den eigenen Körper, die Gefühle und den Atem wahrzunehmen, geht damit über die „gewöhnliche" Entspannung hinaus, die in den Pausen, durch die musischen Fächer oder durch abwechslungsreiche Unterrichtsgestaltung stattfindet.

Bewußte Entspannung dient nicht nur dem einzelnen, sondern auch dem menschlichen Miteinander, denn das Wahrnehmen der eigenen Gefühle ist eine Voraussetzung für das Mitfühlen mit anderen. Forschungsergebnisse zeigen, daß entspannte Menschen sich besser konzentrieren können und aufnahmefähiger sind (Vester 1978, S. 67).

Natürlich brauchen Sie als Lehrerinnen oder Lehrer Unterrichtszeit, um mit Kindern Entspannungs- und Konzentrationsübungen zu praktizieren. Doch diese Zeit ist gut genutzt; denn die Fähigkeit, sich entspannen und konzentrieren zu können, kommt Ihnen und Ihren Schülerinnen und Schülern in allen Unterrichtsfächern, in allen Schulstufen sowie im Privat- und späteren Arbeitsleben zugute. Nicht zuletzt werden Entspannungsübungen auch dazu beitragen, die Beziehungen zwischen Lehrern und Schülern positiver zu gestalten.

Entspannungs- ebenso wie Konzentrationsübungen sind *Mosaiksteine*, die durch weitere Schritte zur Humanisierung der Schulwelt ergänzt werden müssen. Sie sind kein Ersatz für schulpolitische Verbesserungen (z. B. die Verkleinerung der Klassen), für eine abwechslungsreiche und interessante Unterrichtsgestaltung oder für andere Möglichkeiten des sozialen Lernens (z. B. für die Einrichtung von Jungen- und Mädchengruppen, für Sprechstunden für Schüler und Schülerinnen und für sportliche Aktivitäten). Sie verfolgen nicht das Ziel, Konflikte und Probleme im Schulalltag zu verdecken oder zu harmonisieren; sie können jedoch helfen, diese klarer zu erkennen und fair auszutragen. Übungen zur Entspannung und Konzentration können dazu beitragen, Schülern mit Lern- und Verhaltensauffälligkeiten zu helfen. Unbestritten brauchen diese Kinder weitere zusätzliche Fördermaßnahmen.

Alle dargestellten Übungen wurden seit 1990 an Berliner Grund- und Hauptschulen erprobt. Der Erfolg dieser Arbeit, mehr Ruhe, Entspannung und Konzentration, ist nicht über Nacht zu erwarten, er stellt sich nach und nach durch viele kleine Schritte ein.

Dank

Ich möchte mich an dieser Stelle bei den Kolleginnen Beate Broke, Brigitte Hoffmann, Ingrid Kasteel sowie bei den Kollegen Arne Bergmann und Klaus Jungas dafür bedanken, daß sie mir ermöglicht haben, in ihren Klassen die ersten Erfahrungen mit Entspannungsübungen in der Grundschule zu sammeln.

Dank sagen möchte ich auch meinen Kolleginnen Anna-M. Bullenkamp, Manuela Czyborra, Marina Hühmer, Heide Kind-Lane, Karin Krien-Rambeck, Christa Marx, Christa Schwinger, Ulrike Weinhold und dem Kollegen Wolfgang Kluge. Sie haben das Manuskript dieser Arbeit gelesen, mir wertvolle Anregungen und auch viel Bestätigung gegeben. Renate Hentschel hat die Zeichnung von der Trauminsel angefertigt. Auch ihr möchte ich herzlich danken.

Berlin, Juni 1995 *Isolde Lenniger*

Was ist Entspannung? Was ist Konzentration?

In diesem Kapitel werden die Begriffe Entspannung und Konzentration sowie ihre Beziehung zueinander geklärt.

Entspannung ist die Auflösung physischer und psychischer Anspannung. Im entspannten Zustand läßt die Muskelspannung nach, der Atem wird gleichmäßig ruhig, der Blutdruck sinkt, und der Puls wird langsamer (Harris/Ernst 1993, S. 20).

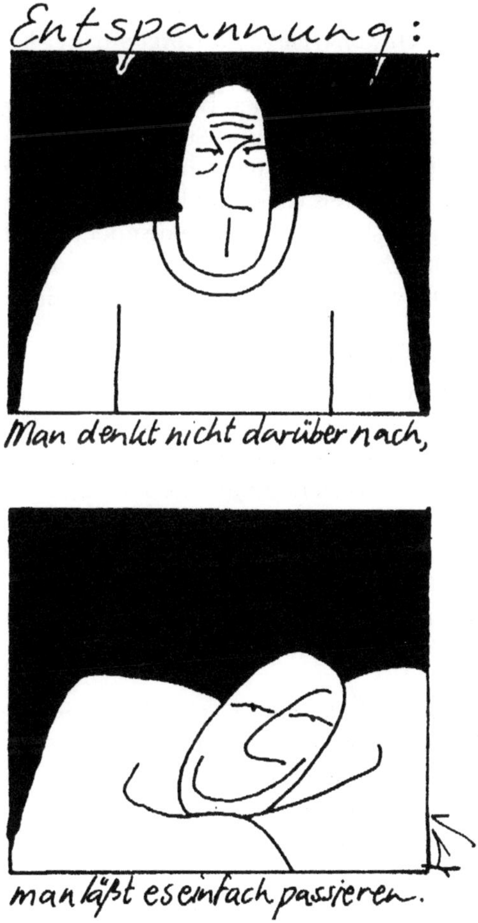

Um zu einer tiefen Entspannung zu kommen, braucht der Mensch:
- eine ruhige Umgebung,
- geschlossene Augen,
- wiederholtes gedankliches Sich-Zureden,
- die Fähigkeit, seine Gedanken wie „Wolken" kommen und gehen zu lassen, d. h. aufkommende Gedanken nicht weiter zu verfolgen.

In unserer Leistungsgesellschaft herrscht der Glaubenssatz: Nur wenn wir uns anstrengen, erreichen wir etwas. Mit der Entspannung ist es jedoch genau umgekehrt. Nicht das Wollen und Sichanstrengen führen zur Entspannung, sondern das Loslassen und Geschehenlassen.

Entspannung ist ein Zustand, dem wir weniger durch abstrakte Beschreibungen als durch *konkrete Erfahrungen* näher kommen. Obwohl viele Menschen sich danach sehnen, ist es für sie nicht so einfach, von ihrer alltäglichen Hektik auf die oben beschriebene Entspannung umzuschalten. Bevor sie zu mehr Ruhe und Stille kommen können, brauchen einige Menschen körperliche Aktivitäten. Sie müssen zunächst joggen oder radfahren, um den Streß (das Streßhormon Adrenalin) abzubauen. Andere möchten zunächst gedanklich in eine andere Welt eintauchen. Sie lesen Krimis, spielen Schach oder sehen fern, da sie es kaum „aushalten" oder ein schlechtes Gewissen bekommen, wenn sie einmal gar nichts tun.

Was ist nun Konzentration?
Es ist die gebündelte Aufmerksamkeit auf einen Gegenstand, einen Sachverhalt, auf einen Denkinhalt oder ein Tun. Im Gegensatz zur Aufmerksamkeit, bei der wir uns auf mehrere Dinge oder Inhalte zugleich einstellen, bedeutet die Konzentration eine Einengung des Gesichtskreises, aber meistens auch eine Steigerung der Wahrnehmung. Konzentriert ist ein Mensch dann, wenn er von dem Inhalt des vor ihm liegenden Buches so gefesselt ist, daß er alles, was sonst um ihn herum geschieht, nicht wahrnimmt. In diesem Falle ist die Konzentration durch ein starkes Interesse hervorgerufen worden.

Konzentration in der Schule läßt sich jedoch auch mit dem Willen erreichen. Wir können mit dem Willen bewirken, uns nicht von den Reizen in der Außenwelt ablenken zu lassen, sondern uns auf den Inhalt eines Buches zu konzentrieren. Da in unserer Zeit die Reize der Außenwelt ständig zunehmen, erfordert es eine verstärkte Willensanstrengung, sich zu konzentrieren.

Die Konzentration kann durch bestimmte Faktoren behindert werden. Störungen in der Konzentration treten vor allem dann auf,

- wenn sich andere Inhalte in das Bewußtsein der Kinder drängen, z. B. Sorgen über die Arbeitslosigkeit oder Ehescheidung der Eltern, Konflikte mit den Eltern, Lehrerinnen und Lehrern oder Freunden (Schmidbauer 1976, S. 109),
- wenn sie durch Körperempfindungen wie Zahnschmerzen, Hunger, Durst oder durch Außenreize wie starken Lärm, Hitze, Kälte abgelenkt werden,
- wenn Schülerinnen und Schüler unter ständiger physischer und psychischer Anspannung leiden (Petermann/Petermann 1991, S. 15).

Entspannung und Konzentration stehen nicht in einem Gegensatz, sondern in einer Wechselbeziehung zueinander. Schmidbauer weist darauf hin, daß die Konzentrationsfähigkeit u. a. durch Entspannung gesteigert werden kann (1976, S. 110). Beispielsweise kann die Konzentrationsfähigkeit der Schülerinnen und Schüler gestärkt werden, wenn sie durch Entspannungsübungen lernen, die äußeren Reize zeitweise *bewußt* auszuschalten.

Es leiden ja insbesondere aggressive Kinder unter einer ständigen physischen und psychischen Anspannung, was zu motorischer Unruhe führt und die Konzentration erschwert. Entspannungsübungen können ihnen helfen, sich von diesen Anspannungen zu befreien. Nicht zuletzt entspannt es die Schülerinnen und Schüler, wenn Lehrer Verständnis für ihre Sorgen zeigen, mit ihnen über ihre Probleme reden und sie nach ihren Möglichkeiten unterstützen, um Lösungen dafür zu finden. Hilfreich und wichtig ist hier ein gutes Vertrauensverhältnis zwischen Lehrern und Schülern. Nach diesen Gesprächen können die Kinder sich häufig wieder besser auf den Unterricht konzentrieren. Darüber hinaus hilft es den Schülern mit Konzentrationsstörungen, wenn der Unterrichtsstoff in kleine, überschaubare Einheiten eingeteilt wird und immer wieder Erholungspausen in den Unterricht eingebaut werden (Schmidbauer 1976, S. 109).

Entspannung in der Schule – warum?

Im folgenden Kapitel soll dargestellt werden, warum es sinnvoll ist, Entspannungsübungen in das tägliche Schulleben zu integrieren.

1. Ein Beitrag zur Persönlichkeitsentwicklung

Schon vor mehr als zweihundert Jahren setzte sich Pestalozzi für eine Erziehung von Kopf, Herz und Hand ein. Auch der gegenwärtige Rahmenplan zum Beispiel der Berliner Schule(n) fordert in seinem Allgemeinen Teil „Erziehung soll das Bedürfnis und die Fähigkeit des Jugendlichen entwickeln, sein Wissen zu erweitern, sein Können zu verbessern, sich sozial zu verhalten, nicht aber Wissen aufpfropfen" (Senator für Schule, Berufsbildung und Sport 1983, S. 2).

Die Notwendigkeit, Kinder und Jugendliche ganzheitlich zu erziehen, das heißt, ihnen nicht nur Wissen zu vermitteln, sondern auch ihre Gefühle und ihr Körperbewußtheit zu fördern, ergibt sich jedoch nicht zuletzt aus den familiären Lebensbedingungen der Schülerinnen und Schüler, die ihr schulisches Sozial- und Leistungsverhalten stark beeinflussen.

Obwohl empirischen Untersuchungen zufolge die Freizeit der Erwachsenen zunimmt, leiden viele Eltern unter ständiger Zeitnot und Nervosität. Die Erschütterungen in den sozialen Beziehungen, die Hektik im Berufsleben und im Straßenverkehr sowie die Informationsüberflutung lassen den einzelnen nicht mehr zur Ruhe kommen. Die Menschen in unserer Zeit werden an einem Tag mit mehr Fakten konfrontiert als die Menschen des Mittelalters in ihrem ganzen Leben. Unter diesem rastlosen Zeitgeist leiden die Kinder besonders.

In jeder Schulklasse sitzen Kinder, die sich mehr mit dem Fernseh- oder Videogerät unterhalten als mit ihren Eltern. Der Mangel an echten menschlichen Kontakten und die gefühlsarme Erziehung im Elternhaus wirken sich negativ auf die Persönlichkeitsentwicklung der Kinder und Jugendlichen aus (Hunt/Hait 1992, S. 49). Deren emotionale Verarmung beeinträchtigt die Entwicklung der Gefühle zu sich selbst und zu anderen. Petermann/Petermann weisen darauf hin, daß Mängel im Sozialverhalten auf Defizite in der Wahrnehmung zurückzuführen sind (Petermann/Petermann 1991, S. 10). Zum Beispiel gehen aggressive Kinder und Jugendliche häufig davon aus, daß ihre Mitmenschen ebenso aggressiv sind wie sie. Da sie ihre eigenen Gefühle auf die Umwelt übertragen, sehen sie sich ständig angegriffen und zu Gegenangriffen herausgefordert. Sie erzeugen also einen permanenten Aggressionskreislauf. Verschärft wird die Situation dadurch, daß diese Kinder und Jugendlichen unter einem Mangel an Frustrationstoleranz leiden und außerdem ihre aggressiven Impulse kaum kontrollieren können. (Sie gehen von der Annahme aus: Wer zuerst schlägt, ist der Stärkere und hat recht.) Allein schon das schnelle Reagieren bewirkt, *daß andere Formen des Sozialverhaltens nicht erprobt werden*.

Angesichts der aufgezeigten Probleme ist es sinnvoll, Kinder anzuleiten, die äußeren Reize für kurze Zeit einmal bewußt beiseite zu lassen, sich nach innen zu wenden, die Nerven zu beruhigen und zur Ruhe zu kommen. Dabei geht es nicht um ein oberflächliches Ruhigstellen oder um eine Disziplinierungstechnik. Vielmehr geht es darum, daß Kinder angeleitet werden, ihre innere Welt, ihre Körperempfindungen, ihren Atem, ihre Gefühle bewußt kennenzulernen und dadurch letztendlich an innerer Kraft und Selbstvertrauen zu gewinnen.

Das bewußte Entspannen kann sich harmonisierend und stabilisierend auf die psychische und physische Entwicklung auswirken. Gefühle und Intuition können sich entfalten. Darüber hinaus können Schülerinnen und Schüler mit Hilfe von Entspannungsübungen versuchen, ihre Ängste und ihre Traurigkeit kennenzulernen und wieder Zugang zu ihren positiven Kräften zu finden. Aggressive Schüler, die zuschlagen, um ihre Spannungen loszuwerden, können ihre Spannungen abbauen, ohne jemandem zu schaden. Letztendlich können Entspannungsübungen emanzipatorisch wirken; denn ein Mensch, der sich entspannen und auf seine innere Stimme hören kann, läßt sich nicht so leicht manipulieren und von anderen sagen, was er tun oder lassen soll. Seine innere Sicherheit befähigt ihn, seinen eigenen Standpunkt zu kennen oder zu finden und sich bewußt in der äußeren Welt zu orientieren.

Entspannung fördert jedoch nicht nur die Persönlichkeitsentwicklung des einzelnen, sondern kann auch einen positiven Einfluß auf das menschliche Miteinander haben. Wenn wir durch Entspannungsübungen lernen, die eigenen Gefühle wahrzunehmen, fällt es uns leichter, auch Mitgefühle für andere zu entwickeln. Das aber ist notwendig, wenn wir die Kontakte zu unseren Mitmenschen positiv gestalten wollen.

2. Entspannung fördert die Gesundheit

Für eine gesunde Entwicklung braucht der Mensch ein gewisses Maß an Anspannung, Belastung und Streß. Denken wir nur an die gesunde Anstrengung einer Wanderung oder beim Umgraben des Gartens. Ein Leben ganz ohne Streß wäre unerträglich. Zuviel Anspannung, Belastung und Streß jedoch können sich gefährlich auf die Gesundheit auswirken. Das ist z. B. dann der Fall, wenn wir uns täglich überfordern. Wenn wir uns zu viel anspannen, verlieren wir unsere innere Balance und schaden unserer Gesundheit.

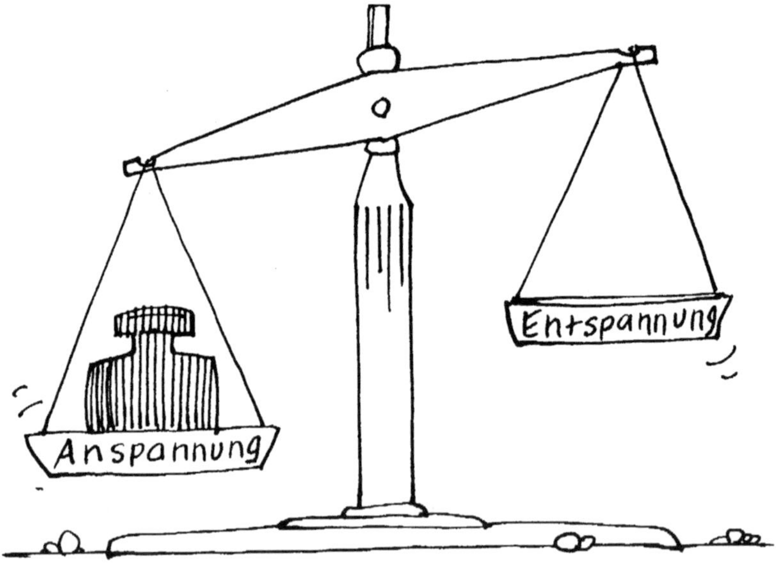

Das Gleichgewicht zwischen Anspannung und Entspannung ist nicht gegeben,
- wenn wir uns häufig sehr müde, gereizt oder niedergeschlagen fühlen,
- wenn wir das Gefühl haben, mit unseren alltäglichen Belastungen nicht mehr so gut fertig zu werden wie früher,
- wenn wir oft so erschöpft sind, daß wir uns selbst zu Dingen, die uns Spaß machen, nicht aufraffen können.

Wenn unser Verantwortungsgefühl ausgeprägt ist und wir all unsere Aufgaben perfekt erledigen, besitzen wir gute Eigenschaften. Aber häufig treibt uns unser Pflichtbewußtsein so sehr an, daß wir bis zum Äußersten unserer Belastungsfähigkeit arbeiten und so Raubbau an unserer Gesundheit treiben. Erwachsene, aber auch Kinder, bringen sich in einen ununterbrochenen unangenehmen Spannungszustand, aus dem sie nicht mehr herauskommen. Wer unter pausenloser Belastung leidet, ist einem höheren Krankheitsrisiko ausgesetzt. Immer mehr Erwachsene erkranken an typischen Streßkrankheiten wie Magen-, Rücken-, Herz-, Kopfschmerzen und Schlafstörungen, die durch ständige körperliche und seelische Anspannung hervorgerufen werden.

Krankenkassenuntersuchungen an Schulkindern stellten bei einem Drittel der Schüler und Schülerinnen folgende gesundheitliche Beeinträchtigungen fest: Übergewicht, Schwäche des Herz- und Kreislaufsystems sowie motorische Auffälligkeiten und Koordinationsschwierigkeiten. Ein Drittel der 12- bis 15jährigen nimmt regelmäßig Medikamente ein (Schubert 1993, S. 168).

Würden unsere Kinder in ihrer zehnjährigen Pflichtschulzeit, beginnend in der Vorklasse, über Jahre hinweg täglich Entspannungsübungen (z. B. Dehnübungen für die Wirbelsäule, Atemübungen) praktizieren, würde sich das mit Sicherheit auf die Gesundheit der einzelnen Kinder und damit auch auf die Gesundheit der Bevölkerung positiv auswirken; wissenschaftliche Untersuchungen zeigen, daß sich der menschliche Organismus bei Entspannungsübungen schneller und besser regeneriert als im Tiefschlaf (Maier/Weber 1987, S. 71).

3. Durch Entspannung wird das Lernen leichter und effektiver

In seinem Buch „Denken, Lernen, Vergessen“ zeigt Frederic Vester (1978, S. 76) auf, daß Lernen keineswegs ein rein geistiger Vorgang ist. In der Schule haben wir es nie nur mit dem Intellekt der Kinder zu tun , vielmehr besteht während des Lernprozesses ein ständiges Wechselspiel zwischen ihrem Körper, ihren Gedanken und ihren Gefühlen.

In Situationen, in denen die Schülerinnen und Schüler sich nicht wohl fühlen – weil die Lerngruppe zu groß ist, die Beziehung zwischen den Mitschülern oder die Lehrer-Schüler-Beziehung nicht stimmt, weil die Schüler zuviel Konkurrenz, Leistungs- und Zeitdruck oder Angst spüren, weil sie mit Fakten überflutet werden –, kann die Gehirntätigkeit beeinträchtigt oder sogar völlig blockiert werden; denn unter Streß produziert unser Körper die Hormone Adrenalin und Noradrenalin. Diese gelangen über den Blutkreislauf an die Synapsen (Enden der Gehirnnerven, die

Informationen aufnehmen und weiterleiten), schließen sie und verhindern somit die Aufnahme von Informationen (Vester 1978, S. 76).

In einer Unterrichtssituation, in der unausgesprochene Konflikte in der Luft liegen oder in der viele neue Informationen an die Schüler herangetragen werden, während sie den Unterrichtsstoff noch immer nicht so recht zu „begreifen“ scheinen, hilft es daher wenig, wenn Lehrer diesen Stoff in derselben Stunde mehrmals wiederholen. In dieser Unterrichtssituation wäre es sinnvoller, durch ein Gespräch und/oder durch eine Entspannungsübung die Aufnahmefähigkeit des Gehirns zu fördern, damit es wieder neue Informationen verarbeiten kann.

Darüber hinaus dienen Entspannungsübungen der ganzheitlichen Entwicklung von Kindern und Jugendlichen. Bevor Kinder in die Schule gehen, erobern sie ihre Umwelt durch Tasten, Handeln, Fühlen, Denken, Fragen. Ihre Zeichnungen und Geschichten geben uns u. a. Einblick in ihre Kreativität, Spontaneität und ganzheitliche Wahrnehmung.

Im traditionellen Schulunterricht wird diese ursprüngliche und natürliche Lernmethode wenig berücksichtigt. Es wird in erster Linie der Verstand angesprochen (Huhn 1992, S. 5). Wenn Schülerinnen und Schüler in der Schule über Jahre hinweg vor allem anderen ihren Verstand trainieren und wenn sie gleichzeitig in ihrer Familie zu wenig emotionale Zuwendung erfahren, besteht die Gefahr, daß ihre Gefühle verkümmern. Für Menschen, die in erster Linie ihrem Verstand folgen, zählen oft nur Zahlen, Daten, Fakten. Damit sind sie in Gefahr, buchstäblich vor lauter Bäumen (= Details) den Wald (= das Ganze) nicht mehr zu sehen (Huhn 1992, S. 7).

Würde andererseits in der Schule nur die rechte, stärker emotional orientierte Gehirnhälfte der Schülerinnen und Schüler angesprochen, würde zwar ihre Gefühlswelt gefördert; aber das wäre ebenso einseitig, da der Verstand und das logische Denken nur unzureichend angesprochen würden. Dann würden die Kinder viele Fehler in kognitiven Bereichen machen und darüber hinaus Informationen und Details nicht systematisch verarbeiten (Huhn 1992, S. 7).

Zur ganzheitlichen Erziehung gehört daher die *ausgewogene Förderung von Verstand und Gefühl*. Diese Balance ist bereits physiologisch in unserem Körper angelegt. Schauen wir das Gehirn an, so entdecken wir eine Symmetrie, wie sie auch sonst in unserem Körper vorhanden ist.

Wie die Abbildung verdeutlicht, besitzen wir nicht nur zwei Ohren, zwei Augen, zwei Arme und Beine, sondern auch zwei Gehirnhälften, die zwar gleich aussehen, die aber unterschiedliche Funktionen haben.

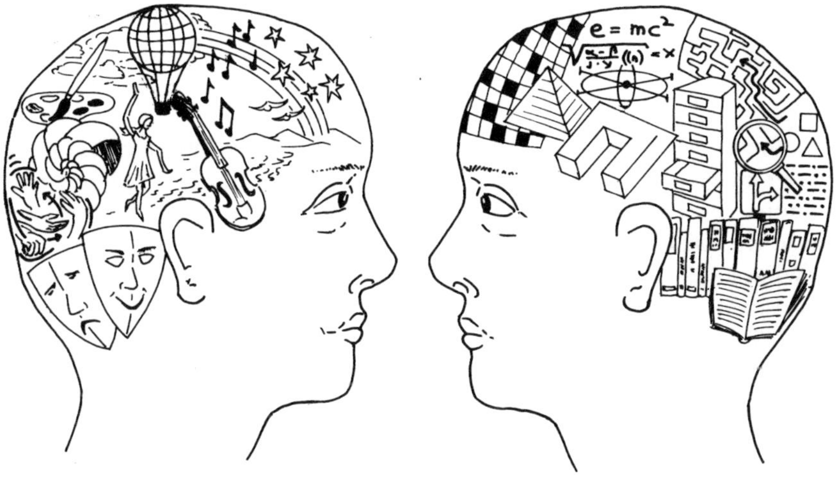

Funktion der rechten Gehirnhälfte:

analoges Denken

visuelles Erfassen

Körpersprache

Rhythmus/Tanz

ganzheitliche Erfahrungen

Emotionen

Musikalität

Synthese

bildhafte Vorstellungen

Funktion der linken Gehirnhälfte:

digitales Denken

Sprache, Lesen

Organisation

logisches Denken

Mathematik

Planung

Details

Analyse

verbale Kommunikation

Gedächtnis für Wörter und Sprachen

Gedächtnis für Personen und Sachen

Wie können Entspannungsübungen in den Unterricht eingeführt werden?

Die meisten Lehrerinnen und Lehrer erhalten weder in der ersten noch in der zweiten Phase der Ausbildung die Anleitung, mit Schülern Konzentrations- und Entspannungsübungen zu praktizieren. Sie können jedoch diese Kompetenz nachträglich erwerben.

Winkel (1992, S. 28) betont, Lehrerinnen und Lehrer könnten vor allem dann mehr Ruhe in die Klasse bringen, wenn sie „selber Ruhe ausstrahlen“. Wie positiv sich die psychische Ausgeglichenheit der Lehrer auf den Unterricht auswirkt, wird in den ersten Tagen nach den Ferien deutlich, wenn der Unterricht mit viel mehr Ruhe und Freude abläuft, da die Lehrer sich noch erholt fühlen.

Nun ist es sicherlich utopisch, von Lehrerinnen und Lehrern zu erwarten, daß sie im ganzen Schuljahr so ausgeglichen sind wie nach den Ferien. Angesichts der psychischen Belastung in unserer Kultur und insbesondere im Lehrerberuf ist es sinnvoll, wenn sie nicht nur die Ferien zur Erholung nutzen, sondern auch in den Monaten, in denen sie unterrichten, etwas für ihre Entspannung tun. Da die Lehrerpersönlichkeit entscheidend zum Erfolg oder Mißerfolg des Unterrichts beiträgt, gehören nicht nur die fachliche Aufbereitung des Unterrichtsstoffes, sondern auch das bewußte Bemühen um die eigene innere Ruhe zur Unterrichtsvorbereitung.

1. Vorbereitung für Lehrerinnen und Lehrer

Da nicht allgemeingültig gesagt werden kann, wie einzelne Lehrerinnen und Lehrer zu mehr psychischer Ausgeglichenheit gelangen können, werden im folgenden nur einige Anregungen gegeben.

Ähnlich wie wir täglich unseren Körper reinigen, ist es sinnvoll, uns auch täglich Zeit für unsere „Psychohygiene“ zu nehmen. Das heißt, es ist hilfreich, uns täglich bewußt eine Entspannungsphase zu gönnen, in der wir gar nichts tun oder in der wir Entspannungsübungen durchführen und uns von äußeren Reizen abschirmen. Diese Entspannungsphase kann fünf oder zehn Minuten, aber auch länger dauern. Wichtig ist, daß sie möglichst oft und dabei regelmäßig eingehalten wird.

Obwohl es erstrebenswert ist, auch in den eigenen „vier Wänden" eine Atmosphäre zu schaffen, in der Entspannung möglich ist, ist es für manche Kolleginnen und Kollegen angebracht, zunächst durch einen Kurs an Entspannung herangeführt zu werden. Volkshochschulen, Krankenkassen, Heilpraktiker, Ärzte und Psychologen bieten zunehmend Gruppen an, in denen verschiedene Wege zur Entspannung erlernt werden können.

Die Frage, ob nun autogenes Training, Yoga, Meditation, Atemschulung oder eine andere Methode am besten zur Entspannung führt, kann niemand allgemeingültig beantworten. Die Entspannungsmethode, von der die einen überzeugt sind, muß für die anderen nicht das Richtige sein. Jeder einzelne kann nur für sich selbst herausfinden, durch welche Methode und durch welche Personen er sich angesprochen fühlt. Manchmal ist es sinnvoll, verschiedene Entspannungsmethoden auszuprobieren, um für sich das Richtige zu finden. Es ist jedoch nicht ratsam, ständig auf der Suche nach der „einzig wahren" Entspannungsmethode zu sein; denn dann besteht die Gefahr, an der Oberfläche zu bleiben. Tiefe Entspannung können wir besser erfahren, wenn wir uns länger auf *ein* Entspannungssystem einlassen. Die äußeren Faktoren wie die Lehrer und die Entspannungsmethode, die sie vermitteln, sind nur Hilfsmittel, um unsere Entspannungsmöglichkeiten zu entdecken. Letztendlich kann uns Entspannung nicht von außen von Lehrern oder durch eine Methode gegeben werden. Entspannung können wir auch nicht kaufen; entspannen können wir uns nur selbst.

Wenn Lehrerinnen und Lehrer Vertrauen zu ihrer *eigenen* Entspannung gewinnen, verlieren sie ihre Angst, mit den Schülern Entspannungsübungen durchzuführen.

Doch auch wer noch unsicher mit seiner eigenen Entspannung ist, braucht vor Entspannungsübungen nicht zurückschrecken. Sie können ihren Schülern ehrlich sagen, daß Sie die Hektik des Schulalltages belastet und daß Sie Entspannungsübungen lernen und durchführen möchten, um „aufzutanken" und um ruhiger und gelassener zu unterrichten.

Entspannungsübung für Lehrerinnen und Lehrer

1. Teil (Sie brauchen etwa 10 Minuten)

Anleitung:

Setzen oder legen Sie sich hin. Wenn Sie möchten, schließen Sie die Augen. Machen Sie es sich gemütlich. Betrachten Sie sich selbst, als ob Sie auf einer Kinoleinwand wären oder aus der Vogelperspektive. Schauen

Sie zu, wie Sie sich auf den Tag vorbereiten und wie Sie unterrichten. Bitte bewerten Sie Ihr Verhalten nicht, machen Sie nur eine Bestandsaufnahme.

Die folgenden Fragen sollen Ihnen helfen, Ihr alltägliches Verhalten einmal aus der Vogelperspektive zu beobachten.

Schauen Sie zu, wie Sie aufstehen. – – – – – Springen Sie sofort aus dem Bett oder räkeln Sie sich noch etwas? – – – – – Bleiben Sie bis zur letzten Minute im Bett? – – – – – Schauen Sie zu, wie Sie frühstücken. Reicht Ihnen die Tasse Kaffee im Stehen, oder ist es etwas mehr? – – – – – Läuft während des Frühstücks das Radio, flimmert der Fernseher, sehen Sie in die Zeitung oder in die letzten Unterrichtsvorbereitungen? – – – – – Wie verlassen Sie Ihre Wohnung? – – – – – Im letzten Augenblick oder – – – – –? Mit welcher Einstellung betreten Sie die Schule? – – – – – Nehmen Sie es gelassen, fühlen Sie sich bedrückt, ist Ihnen vieles gleichgültig oder sind Sie optimistisch gestimmt? – – – – – Wie geht es Ihnen, wenn Sie das Lehrerzimmer betreten? – – – – – Mit welcher Grundeinstellung (welchen Gefühlen und Gedanken) treten Sie vor die Klasse? – – – – – In welchen Situationen empfinden Sie das Unterrichten als schön, anstrengend, frustrierend, interessant, nervenbelastend, angenehm? – – – – – Was glauben Sie, wie Ihre Schüler und Schülerinnen Sie meistens wahrnehmen? – – – – – Streng, zerstreut, aktiv, uninteressiert, freundlich, ausgeglichen, wohlwollend? – – – – – Wie ist Ihre Ausstrahlung? – – – – –

Kommentar:
Oft ist unsere Hektik und Anspannung unbewußt und chronisch geworden, so daß wir sie gar nicht mehr wahrnehmen. Ziel dieser Übung ist es, Sie anzuregen, Ihr Verhalten zu beobachten und mehr Bewußtsein über Ihre Ausstrahlung zu erlangen. Wenn wir wissen, was wir tun, können wir uns leichter ändern.

Ihre freundlich-ausgeglichene Grundstimmung überträgt sich auf die Schüler und schafft eine entspannte Atmosphäre im Klassenraum. Positiv gestimmte Lehrer und Lehrerinnen sollten jedoch authentisch bleiben und in manchen Unterrichtssituationen ihre Gefühle offen zeigen. Wenn Schüler sich z. B. rassistisch verhalten, ist es angebracht, daß Sie Ihren Schülern zeigen, wie wütend, enttäuscht oder traurig Sie sind.

Diesen Teil der Übung brauchen Sie vielleicht nur einmal zu machen.

2. Teil (etwa 10 Minuten und länger)

Diesen Teil können Sie so oft wie möglich oder wie nötig machen.

Anleitung:
Setzen oder legen Sie sich hin. – – – – – Machen Sie es sich gemütlich. – – – – – Vielleicht hören Sie entspannende Musik. – – – – – Erinnern Sie sich an eine Situation, in der Sie sehr entspannt waren. – – – – – Vielleicht war das eine Situation, in der Sie glücklich verliebt waren, – – – – – oder eine Situation, in der Sie erfolgreich waren. – – – – – Vielleicht erinnern Sie sich an ein schönes Kindheitserlebnis – – – – – oder an einen schönen Urlaub, – – – – – ein schönes Konzert – – – – – oder ein anderes schönes Erlebnis. – – – – – Während Ihre positiven Erinnerungen auftauchen, – – – – – sehen Sie vielleicht Bilder oder Farben, die Sie mit dieser Situation verbinden. – – – – – Erfreuen Sie sich an diesen Bildern und Farben. – – – – – Vielleicht verbinden Sie mit dieser Situation auch wohltuende Geräusche oder angenehme Gerüche? – – – – – Genießen Sie diese positiven Geräusche und Gerüche. – – – – – Erinnerungen sind das Paradies, aus dem uns niemand vertreiben kann. – – – – – Nutzen Sie Ihre positive Kraft. – – – – – Während Ihre positiven Erinnerungen deutlicher und deutlicher werden, spüren Sie, wie sich Ihr Körper mehr und mehr entspannt. – – – – – Vielleicht fühlt sich Ihr Körper an manchen Stellen warm und weich an. – – – – – Jetzt erlauben Sie diesen angenehmen Empfindungen, sich auszuweiten. – – – – – Stellen Sie sich vor, wie es wäre, wenn Sie sich noch mehr entspannen würden. – – – – – Indem sich Ihr Körper entspannt, – – – – – entspannt sich gleichzeitig Ihr Geist. – – – – – Jetzt genießen Sie mehr und mehr Ihre angenehme Entspannung. – – – – – – – – – – – Nun kommen Sie langsam in den Alltag zurück. – – – – – Recken und strecken Sie sich, und Sie fühlen sich wach und erfrischt.

Kommentar:
Diese Übung fördert eine positive Grundstimmung, die Ihnen hilft, den Schulalltag besser zu bewältigen. Sie können sie vor der Schule, nach der Schule oder auch abends vor dem Einschlafen durchführen. (Der Schlaf wird dann tiefer und entspannter. Abends braucht die Übung nicht mit dem Zurückkommen in den Alltag zu enden.)

Um sich immer wieder an Entspannung zu erinnern, können Sie auch ein passendes Bild aufhängen, z. B. übers Bett, über den Schreibtisch, neben den Spiegel oder …

Sie können diese Übung abwandeln, auf eine Kassette sprechen und immer wieder abspielen lassen.

Doch nicht nur die Lehrer und Lehrerinnen, auch die Eltern und Schüler brauchen eine Vorbereitung auf die Entspannungsübungen. Im folgenden wird beschrieben, wie wir die Eltern auf unsere Entspannungsarbeit vorbereiten können.

2. Vorbereitung für Eltern

Das Gespräch mit den Eltern wird der Schule und der Klassensituation entsprechend jeweils anders verlaufen. Grundsätzlich ist es aber sinnvoll, an einem Elternabend die Entspannungs- und Konzentrationsarbeit vorzustellen. Wir können mit den Eltern darüber reden, welche Vorteile es hat, wenn ihre Kinder lernen, sich zu entspannen. Neben der verbalen Schilderung könnten Lehrer und Eltern einige der ab Seite 27 beschriebenen Körperübungen durchführen. Der Elternabend könnte mit Schweigen, mit Musik oder mit einer Phantasiereise enden.

(Damit die Eltern für das Thema Zeit, Zeitarmut und Entspannung sensibilisiert werden, können wir ihnen ans Herz legen, das Buch „Momo" von Michael Ende, Stuttgart 1973, zu lesen.)

Sind einige Eltern interessiert und einfühlend, können Sie sie bitten, Sie bei der Entspannungsarbeit zu unterstützen. Gut informierte Eltern können zu Hause, z. B. bevor die Kinder sich an die Hausaufgaben setzen, mit ihnen Entspannungsübungen machen. Besonders den nervösen Kindern hilft es, wenn sie vor dem Einschlafen entspannende Musik oder eine entspannende Phantasiereise hören, um so tiefer zu schlafen.

Wichtig ist es, den Eltern gegenüber eine klare Abgrenzung zu unseriösen Beeinflussungen (Sekten) vorzunehmen. Sie müssen unter Umständen mit Einwänden der Eltern rechnen: Gehören diese Übungen zu einer Therapie? Geht da nicht zuviel Unterrichtszeit verloren?

Sie können Entspannungsübungen jedoch auch ohne die ausdrückliche Zustimmung der Eltern durchführen. Das Recht dazu haben Sie aufgrund Ihrer didaktischen Freiheit und aus dem allgemeinen Erziehungsauftrag.

3. Vorbereitung für Schülerinnen und Schüler

Die Vorbereitung der Kinder auf die Erfahrung von Entspannung und Konzentration geschieht je nach der Klassensituation, der Persönlichkeit der Lehrer und der jeweiligen Lehrer-Schüler-Beziehung auf sehr unterschiedliche Weise.

Jüngere Kinder (Vorschule und erste Jahre der Grundschule) reagieren ausgesprochen offen und positiv auf Entspannungsübungen. Sie integrieren die Übungen in ihre Erwartungshaltung an den Unterricht.

Auf einer Lehrerfortbildung berichtete eine Kollegin, die gerade eine 4. Klasse übernommen hatte, daß ihre Schüler bei der vorherigen Klassenlehrerin Entspannungsübungen kennengelernt hatten und diese nun vermißten. Da das Sozialverhalten der Klasse ausgesprochen positiv war – es ist zu vermuten, daß die Entspannungsübungen dazu beigetragen hatten –, wurde die Kollegin, die diese Klasse übernommen hatte, motiviert, sich auch mit Entspannung zu befassen und die Übungen fortzusetzen.

In der Regel lassen sich auch in den höheren Klassen Mädchen schnell und gerne auf die Entspannungsübungen ein. Es kann sein, daß einige Jungen in den höheren Klassenstufen zu Beginn Entspannungsübungen ablehnen oder sich darüber lustig machen, weil sie ihnen nicht „männlich" genug erscheinen. Manchmal können diese Jungen in einem Klassengespräch von den Kindern, die den Entspannungsübungen positiv gegenüberstehen, umgestimmt werden. Oft berichten Kolleginnen und Kollegen, daß sie überrascht waren, wie gut auch ältere Schülerinnen und Schüler auf Phantasiereisen oder auf die Ruheübungen mit Musik reagiert haben.

Womit beginnen?

Obwohl der Schwerpunkt langfristig auf der Durchführung von praktischen Übungen und sinnlicher Erfahrung von Entspannung liegen soll, kann die Einführung unterschiedlich erfolgen. Es ist möglich, zunächst einige praktische Übungen mit den Schülern durchzuführen, um dann mit ihnen über deren Bedeutung und Wirkung zu reden.

In einigen Klassen ist es sinnvoll, zunächst in einer Unterrichtsstunde die Begriffe „Konzentration" und „Entspannung" dem Alter der Schüler entsprechend zu klären und mit ihnen zu besprechen, warum in der Schule Konzentration und Entspannung gefördert werden sollen. Die Kinder können beispielsweise in einem Rollenspiel oder in einer Zeichnung einen hektischen, unruhigen Menschen darstellen. Sie können etwa folgende Vorteile von Entspannungs- und Konzentrationsübungen in einem Unterrichtsgespräch und an der Tafel zusammentragen:

Wenn wir regelmäßig Entspannungs- und Konzentrationsübungen durchführen,
- spüren wir unseren Körper und unsere Gefühle besser,
- sind wir körperlich und seelisch gesünder,
- gewinnen wir an innerer Kraft,
- sind die Beziehungen zu unseren Mitmenschen friedlicher,
- sind wir weniger nervös,
- können wir neuen Lernstoff besser aufnehmen,
- können wir das Gelernte besser behalten,
- machen wir weniger Flüchtigkeitsfehler.

Wann beginnen?
Wann ist ein günstiger Zeitpunkt, Entspannungsübungen zum erstenmal an Schülerinnen und Schüler heranzutragen?

Gut geeignet zur Einführung sind die ersten Tage nach den Ferien; denn zu dieser Zeit sind Lehrerinnen und Lehrer und auch die Schüler offener für neue Erfahrungen. In Phasen, in denen die Kinder besonders unruhig sind (z. B. montags in der letzten Stunde), wird es uns kaum gelingen, erfolgreich Entspannungs- und Konzentrationsübungen einzuführen. Ich habe gute Erfahrungen damit gemacht, die Entspannungsübungen zunächst in der ersten oder zweiten Stunde anzuleiten. Wurden sie bereits mehrmals erfolgreich durchgeführt, spüren die Schüler, daß ihnen diese Übungen guttun. Sie sind dann zu fast allen Unterrichtszeiten bereit, sie zu praktizieren.

Es darf auch mal was schiefgehen.
Ebenso wie im Fach Deutsch derselbe Lesestoff in der einen Klasse gut angenommen und in der anderen abgelehnt wird, kann es auch mit Entspannungsübungen geschehen. Es ist jedoch selten, daß sie völlig abgelehnt werden. Doch dies sollte auch akzeptiert werden. Vielleicht können Sie zu einem späteren Zeitpunkt noch einmal Entspannungsübungen an die Klasse herantragen.

Ältere Kinder sind im Vergleich zu jüngeren weniger offen für Entspannungsübungen. Dies dürfte u. a. darauf zurückzuführen sein, daß sie schon stärker die Werte und Normen der Leistungsgesellschaft, in der Entspannung wenig Raum hat und geringgeschätzt wird, übernommen haben. Da aber immer mehr Menschen erfahren, daß diese Normen nicht nur Vorteile, sondern auch Schäden für unsere seelische und körperliche Gesundheit mit sich bringen, steigt bei Erwachsenen und auch bei

Kindern die Bereitschaft, sich mit Wegen zur Entspannung auseinanderzusetzen und Entspannungsübungen durchzuführen.

4. Räumliche Bedingungen

Entspannungsübungen können in jedem Klassenraum durchgeführt werden. Es bleibt Ihrer Sensibilität überlassen, die Atmosphäre so zu gestalten, daß Entspannung möglich ist. Z. B. ist es manchmal sinnvoll, das Neonlicht auszuschalten, die Fenster während der Körperübungen zu öffnen oder sie während der Ruheübungen zu schließen. Während der Übungen können die Kinder an ihren Plätzen bleiben, einen Kreis bilden oder sich einen Ruheplatz im Raum suchen. Während einer Phantasiereise kann an die Klassentür ein Schild mit dem Hinweis „Bitte nicht stören, Entspannungsübung" angebracht werden.

Für Schulen, die neu gebaut oder renoviert werden, ist es sinnvoll, Räume einzurichten, in denen Schülerinnen und Schüler toben können, z. B. gegen Sandsäcke boxen oder eine Kissenschlacht austragen. Doch wir brauchen auch Ruheräume, in denen sie in kleinen Gruppen reden können oder an Entspannung herangeführt werden.

Im folgenden Kapitel werden verschiedene Entspannungsübungen dargestellt. Sie können unabhängig vom jeweiligen Unterrichtsfach in den Unterricht eingebaut werden. Natürlich bleibt es Ihnen überlassen, die Vorschläge, die dem sozialen Klima der Klasse entsprechen, aufzugreifen, zu ergänzen und zu verändern.

> Auch eine Reise
> von tausend Meilen
> beginnt mit dem ersten Schritt

Entspannungsübungen

Lehrerinnen und Lehrer unterrichten die Fachinhalte am besten, von denen sie selbst überzeugt sind und die sie selbst beherrschen.

Ebenso ist es mit der Entspannung. Deshalb empfiehlt es sich, daß Sie, bevor Sie die im folgenden dargestellten Übungen anleiten, diese zunächst einmal selber ausprobieren.

Die Entspannungsübungen gehen von unterschiedlichen Ansatzpunkten aus und wurden deshalb in folgende Gruppen eingeteilt:
- Körperübungen,
- Atemübungen,
- Ruheübungen,
- Phantasiegeschichten,
- Ausdrucksmalen,
- Übungen zum sozialen Lernen.

Die Übungen der einzelnen Gruppen ergänzen einander und können gut miteinander verbunden werden. Zum Beispiel kann nach einer Körperübung eine Ruhe- oder Atemübung folgen. Das Ausdrucksmalen läßt sich gut an eine Phantasiegeschichte anschließen.

Bei jeder Übung erläutert ein Kommentar, welche Wirkung die Übung haben kann. Im folgenden werden Übungen dargestellt, die auf der körperlichen Ebene ansetzen, bei denen sich die Kinder also in erster Linie auf ihren Körper konzentrieren.

1. Körperübungen

Obwohl die folgenden Übungen auf der körperlichen Ebene ansetzen, entspannen sie auch den Geist; denn Körper und Geist sind eine Einheit.

Um Kindern einen Zugang zu ihren Körperempfindungen und Gefühlen zu ermöglichen, ist es äußerst wichtig, daß wir Entspannungsübungen nicht im Eilverfahren durchführen. Wir „rasen“ nicht von einer Übung zur anderen, sondern:

> Wir lassen den Schülerinnen und Schülern Zeit,
> und wir regen sie an zu spüren, was die Übungen
> in ihnen bewirkt haben.

Es ist besser, wenige Übungen in Ruhe als viele Übungen in Hetze durchzuführen. Während der Übungen können Sie die Kinder bitten, sich nach innen zu konzentrieren, das heißt, auf ihren Körper, ihren Atem und ihre Gefühle zu achten. Nach den Übungen können die Schülerinnen und Schüler, die das möchten, kurz berichten, was sie während der Übung empfunden haben.

Dabei können die Empfindungen sehr verschieden sein, und Sie dürfen sie nicht „bewerten"; denn es gibt keine „richtigen" oder „falschen" Empfindungen. Die Gefühle der Kinder sollten auch nicht durch zu langes Darüberreden zerstört oder manipuliert werden.

Antworten aus einer dritten Klasse:

Ute:	Ich habe mich ganz leicht von innen gefühlt.
Peter:	Meine Arme haben gekribbelt.
Achmet:	Ich mußte an meine Oma aus der Türkei denken, die mag ich so gerne.

Um den Kindern zu helfen, sich auf ihre innere Welt zu konzentrieren, sollten Sie das äußere Entspannungsprogramm schlicht halten. Die gleichen Übungen können immer wieder durchgeführt werden. Zum Beispiel können die Kinder täglich die erste Körperübung durch Dehnung der Wirbelsäule wiederholen und/oder eine Ruheübung durchführen.

Die Lehrerinnen und Lehrer leiten die folgenden Körperübungen nicht nur verbal an, sondern machen sie den Schülern auch vor.

Entspannung der Wirbelsäule

Anleitung:
Bitte stellt euch mit beiden Beinen fest auf die Erde (die Beine sollten schulterbreit auseinander sein), hebt für einige Augenblicke die Arme über den Kopf, und streckt die Wirbelsäule nach oben, so, als wolltet ihr die Wolken berühren. Schließt die Augen, und spürt in euch hinein.

Kommentar:
Die Übung weckt die Lebensgeister. Die Müdigkeit läßt nach. Es wird Haltungsschäden und Rückenschmerzen vorgebeugt.

Entspannung der Schultern

Anleitung:
Stellt euch bitte hin, und schiebt eure Schultern im Zeitlupentempo so hoch wie möglich. Haltet die Schultern für einige Augenblicke oben, und atmet trotz der Anspannung weiter. Laßt die Schultern im Zeitlupentempo wieder nach unten sinken.

Anleitung für eine alternative Übung:
Stellt euch bitte hin, und schiebt eure Schultern im Zeitlupentempo und in Millimeter-Schritten nach hinten. Haltet die Schultern hinten, und atmet trotz der Anspannung weiter. Nach einigen Augenblicken laßt bitte im Zeitlupentempo los. Nehmt euch Zeit, nach innen zu spüren.

Kommentar:
Durch die Übungen können sich Spannungen im Nacken- und Schulterbereich sowie Angst- und Wutgefühle lösen. Schon der Volksmund sagt: „Die Angst sitzt mir im Nacken."

Aktivierung der rechten *und* linken Gehirnhälfte

Zur Unterstützung der Links-Rechts-Orientierung (wenn Kinder einseitig begabt sind oder Schwierigkeiten beim Schrifterwerb haben).

Anleitung:
Stellt euch bitte hin. Berührt mit der linken Hand das angehobene rechte Knie, und setzt es wieder ab. Dann berührt mit der rechten Hand das angehobene linke Knie, und setzt es wieder ab. Wechselt fünf- bis zehnmal hin und her.

Nehmt euch Zeit zum Spüren.

Diese Übung kann auch im Sitzen durchgeführt werden.

Anleitung für eine alternative Übung:
Stellt euch hin, und greift mit der linken Hand auf die rechte Schulter und umgekehrt. Laßt dabei die Schultern nach unten hängen. Wechselt fünf- bis zehnmal hin und her.

Kommentar:
Diese Übungen entspannen das Gehirn. Die rechte und linke Seite des Gehirns werden miteinander verbunden. Somit wirken sie sich positiv auf die Lernfähigkeit aus. Eine solche Übung kann gut vor einer Klassenarbeit sowie vor oder nach einer anstrengenden Lernphase durchgeführt werden.

Die Schülerinnen und Schüler machen häufig in der zweiten Hälfte einer Klassenarbeit mehr Fehler als in der ersten. Deshalb kann eine Übung zur Aktivierung der rechten und linken Gehirnhälfte auch gut in der „Halbzeit" eines Diktats oder einer Mathematikarbeit durchgeführt werden.

Besonders geeignet ist die Übung für Kinder, die Verdrehungsfehler machen, zum Beispiel das d und b oder die 3 und das E verwechseln.

Ohrenmassage

(Diese Übung kann besonders gut in den ersten Grundschuljahren eingeführt werden.)

Anleitung:
Bitte faßt mit den Daumen und den Fingerspitzen den Rand eurer Ohren an, und massiert in kreisenden Bewegungen von oben nach unten.

Kommentar:
Durch diese Übung können sich der Kopf und das gesamte Nervensystem entspannen, gleichzeitig wird das Erinnerungsvermögen aktiviert. Durch sie kann auch das Hinhören gefördert werden. Deshalb ist sie besonders gut vor Gesprächen, Lese- oder Vorlesephasen.

Massage des Gesichtes

(Einführung in den ersten Grundschuljahren.)

Anleitung:
Bitte legt eure Fingerkuppen auf den Haaransatz, und massiert von dort ausgehend in sanften kreisenden Bewegungen euer Gesicht und, wenn ihr möchtet, auch eure Kopfhaut.

Kommentar:
Diese Übung kann gut vor oder nach anstrengenden Denkarbeiten oder Klassenarbeiten durchgeführt werden. Sie entspannt den Kopf.

Entspannung der Hände

Anleitung:
Bitte ballt eure Fäuste, und spannt sie für einige Augenblicke fest an; dann laßt sie los, und spreizt für einige Sekunden die Finger. Danach massiert eure Hände, knetet sie kurz durch, und stellt euch vor, eure Hände wären ganz warm und weich.

Kommentar:
Diese Übung entspannt die Hände. Nach einer anstrengenden Schreibarbeit wirkt sie besonders wohltuend. Da sich in den Händen Nervenenden von fast allen Körperorganen befinden, kann sich diese Übung entspannend auf den gesamten Organismus auswirken.

Entspannung der Augen

(Einführung in den ersten Grundschuljahren.)

Anleitung:
Richtet euren Kopf gerade nach vorn, schaut mit geöffneten Augen so weit wie möglich nach rechts, wandert mit den Augen zur Mitte, und schaut von dort aus nach links, dann geht zurück zur Mitte. Von der Mitte aus wandert ihr mit den Augen nach oben, zurück zur Mitte, nach unten und zurück zur Mitte. Nach den Augenbewegungen reibt eure beiden Hände ganz intensiv aneinander, so daß viel Wärme entsteht. Wenn die Hände sehr warm sind, legt sie für einige Augenblicke über die Augenhöhlen.

Kommentar:
Diese Übung entspannt die Augen und den gesamten Kopf. Vorbeugend gegen Kopfschmerzen. Brillenträger können während der Übung die Brille ablegen. Gut vor einer Leseübung oder wenn viel von der Tafel abgeschrieben werden soll.

Töne machen

(Einführung in den ersten drei Grundschuljahren: Wenn die Übung schon in den unteren Klassen an die Schüler herangetragen wurde, ist es für sie selbstverständlich, sie auch in den weiteren Klassenstufen zu praktizieren.)

Anleitung:
Bitte steht auf, legt eure Hände locker auf die rechte und linke Seite des Halses, und singt in verschiedenen Lautstärken immer wieder den Buchstaben A. Jeder kann dabei verschiedene Möglichkeiten ausprobieren. Z. B. könnt ihr den Ton A mal laut oder leise, kurz oder lang singen.

Nach einer Minute hören wir mit dem Singen auf. Ihr werdet das Ende der Übung daran erkennen, daß ich einen Arm hochhalte.

Dauer der Übung: 1–3 Minuten.

Kommentar:
Das Singen des gleichen Buchstabens fördert die Konzentration und entspannt. Kinder, die sich nicht trauen, etwas zu sagen, weil sie zu schüchtern sind oder weil sie meinen, die deutsche Sprache noch nicht genügend zu beherrschen, können sich durch das Singen stimmlich ausdrücken. Der Ton A entspannt Hals und Nacken.

Alternativen zur Übung:
Die Übung kann auch mit anderen Tönen, zum Beispiel O, U, I oder M (M = emm gesungen), durchgeführt werden. Bei diesen Tönen werden die Hände auf den Bauch gelegt.

Dauer der Übung: 1–3 Minuten.

Kommentar:
Der Ton O fördert die Ausatmung. Der Ton U entspannt das Becken und die Kiefer. Der Ton M erwärmt den Körper. Der Ton I macht hellwach (Middendorf 1984, S. 60 ff.).

„Regentropfen“ – Den Buchstaben U erklingen lassen

Anleitung:
Stellt euch bitte hin, singt für einige Augenblicke den Buchstaben U, gleichzeitig klopft mit den Fingerspitzen *sanft* auf den oberen Brustbereich.

Kommentar:
Die Übung fördert die Atmung, entspannt Becken, Brust und Schultergürtel.

„Roboter“

Anleitung:
Geht im Raum umher, und bewegt euch dabei steif wie Roboter. Spürt, wie sich diese Bewegungen anfühlen. Dann bewegt euch locker und gelenkig wie Menschen, und spürt, wie sich das anfühlt.

Kommentar:
Viele Kinder sind von Robotern fasziniert, sie sehen sie nur positiv als die „Übermenschen". Um ihnen den Unterschied zwischen Menschen und Robotern zu verdeutlichen, könnte vor oder nach der Übung mit ihnen im Unterrichtsgespräch oder in einem Tafelbild folgendes erarbeitet werden.

Unterschied

Mensch	Roboter = Maschine
– lebt	– leblos
– ist einmalig	– kann mehrmals angefertigt werden
– wächst, atmet	– durch Programme gesteuert
– kann denken, freier Wille	– gefühllos
– kann spüren und fühlen (z. B. lieben, hassen, traurig oder fröhlich sein, Angst haben)	
– kann träumen und phantasieren	

Progressive Muskelentspannung

(Nach dem vom amerikanischen Verhaltenstherapeuten Edmund Jacobsen entwickelten Programm.)

Anleitung:
Die Schülerinnen und Schüler werden angeleitet, sich in verschiedene Körperpartien einzuspüren, diese anzuspannen und dann zu entspannen. Zum Beispiel: Spürt den Bauch, und spannt ihn ganz stark an. Atmet weiter, haltet die Anspannung für einige Augenblicke, und laßt dann los. Spürt die Schultern, spannt sie ganz stark an. Atmet weiter, haltet die Anspannung ... Weiter wie oben.

Kommentar:
Bei dieser einfach zu erlernenden Methode wird durch eine starke Anspannung der Muskeln und anschließendes Loslassen eine Entspannung hervorgerufen. Die Übung kann im Liegen, im Sitzen oder im Stehen durchgeführt werden. Es können einzelne Körperpartien wie der Bauch oder die Schultern entspannt werden.

Wenn der gesamte Körper entspannt werden soll, beginnt die Übung mit der Anspannung der Zehen und fährt fort mit Waden, Oberschenkeln, Gesäß, Becken, Bauch, Fingern, Unter- und Oberarmen, Brustkorb, Nacken, Gesicht.

„Nilpferde waschen“ – Schönes Anfassen

Anleitung:

Sie leiten die Kinder an, sich zu Paaren (Partner A und B) zusammenzusetzen. Die Kinder können hintereinander hocken, oder ein Kind sitzt auf dem Stuhl (quer zur Lehne), und das andere steht dahinter.

Dann erzählen Sie den Schülerinnen und Schülern folgende Geschichte: Stellt euch vor, das Wetter ist schön, und wir machen einen Ausflug in den Zoo. Als wir zum Gehege der Nilpferde kommen, treffen wir dort den alten Tierpfleger, der die Nilpferde füttern und waschen muß. Der alte Tierpfleger ist ganz traurig und in großer Sorge, denn sein Lehrling, der ihm sonst bei der Arbeit hilft, ist krank. Deshalb fragt der Tierpfleger uns, ob wir ihm helfen können, die Nilpferde zu waschen. Wir sind gleich bereit, dem alten Tierpfleger zu helfen.

Sie erklären und demonstrieren die Aufgabe:

1. Schritt: Der Rücken der Nilpferde wird naß gemacht. Dazu legt Partner A seine Hände auf die Schultern seines Partners und läßt sie mit einem Geräusch, welches Wasser nachahmt, mehrmals von oben nach unten über den Rücken gleiten.
2. Schritt: Der Rücken der Nilpferde wird eingeseift. Partner A macht auf dem ganzen Rücken von Partner B kreisende Bewegungen, als würde er den Rücken einseifen.
3. Schritt: Der ganze Rücken der Nilpferde wird mit einer dicken Bürste bearbeitet. Partner A macht mit seiner Hand eine Kralle, d. h., er stellt seine Finger auf, und massiert den Rücken des Partners mit seiner „Handbürste“.
4. Schritt: Der Rücken der Nilpferde wird mit Wasser klargespült. Wie beim 1. Schritt leiten die Hände vom oberen Rücken nach unten. Die Bewegung der Hände wird von einem Wassergeräusch begleitet.
5. Schritt: Der Rücken der Nilpferde wird mit einem weichen Handtuch abgetrocknet. Partner A reibt mit seinen Händen liebevoll den Rücken seines Partners ab.
6. Schritt: Partnerwechsel.

Kommentar:

Durch diese Übung können Kinder sinnlich erfahren, daß sie sich mit ihren Händen gegenseitig etwas Gutes tun können. Wird die Übung in den ersten Grundschuljahren eingeführt, haben die Schüler keine oder wenig Scheu vor gegenseitigen Berührungen.

Manchmal gibt es Probleme mit der Partnerwahl. Einige möchten die Übung nur mit bestimmten Mitschülern machen. Es kommt auch vor, daß einzelne Schüler oder Schülerinnen diese Übung gar nicht machen möchten. Wir sollten ihre Wünsche (Körpergrenzen) respektieren.

2. Atemübungen

Bevor die Atemübungen dargestellt werden, gebe ich zunächst einige Anregungen zur Einführung und Anleitung von Atemübungen. Ich habe gute Erfahrungen damit gemacht, den Kindern zunächst die folgende Frage zu stellen:

Was ist das Wichtigste zum Überleben des Menschen?

Schülerantworten aus einer dritten Klasse:

Ruben:	Das Essen.
Ramona:	Das Trinken.
Brian:	Die Liebe.*
Mona:	Die Luft.

* Brian war ein sehr aggressiver Schüler: Seine Antwort verblüffte und erfreute mich. Ich bestätigte ihm, daß die Liebe auch eine sehr wichtige Kraft der Menschen ist, daß wir jedoch zum Überleben zunächst den Atem brauchen.

Im Unterrichtsgespräch wurde erarbeitet:

> Die Atmung ist die Grundlage allen Lebens
> und die wichtigste Lebenskraft des Menschen.

Menschen können mehrere Tage ohne Nahrung leben, doch sie können nur wenige Minuten auf das Atmen verzichten. Das Leben außerhalb des Körpers unserer Mutter beginnt, wenn die Nabelschnur zertrennt wird und wir den ersten Atemzug tun. Unser Leben endet mit dem letzten Atemzug.

Um den Schülerinnen und Schülern die entspannende Wirkung des Atmens näherzubringen, bat ich sie, nicht mit dem Willen (= Wunsch, etwas zu leisten) in den Atemfluß einzugreifen, den Atem also nicht zu kontrollieren, sondern ihn nur zu beobachten. Das Beobachten des Atems kann die Kinder entspannen und gleichzeitig ihre Konzentration steigern. Im Atem spiegelt sich das persönliche Befinden des Menschen wider. Wenn der Mensch Angst hat, ist sein Atem flach. Wenn er wütend ist, schnauft er vor Wut.

Atembeobachtung

Anleitung:
Bitte legt eure Hände auf den Bauch, und spürt, was unter euren Händen geschieht. Vielleicht spürt ihr unter euren Händen die Bewegung des Ein- und Ausatmens. Ihr braucht euch beim Atmen nicht besonders anzustrengen. Laßt den Atem so fließen, wie er kommt und geht, und beobachtet ihn. Wenn ihr die Augen schließt, könnt ihr den Atem besser beobachten.

Die Übung kann im Sitzen und im Liegen ausgeführt werden.

Kommentar:
Die Kinder neigen dazu, sich im Sitzen mit ihrem Oberkörper auf die Schultische zu legen. Bei dieser Körperhaltung kann der Atem nicht so gut strömen. Besser wäre es, wenn die Kinder mit einer aufgerichteten Wirbelsäule auf einem Stuhl säßen. Der Kopf sollte dabei gerade aufgerichtet auf der Wirbelsäule ruhen. Kindern aus Asien ist diese Körperhaltung ganz vertraut. Für viele andere im „normalen Schulbetrieb" ist das eine Haltung, mit der sie noch vertraut gemacht werden müssen. Wir sollten die Schülerinnen und Schüler jedoch nicht dazu „zwingen", sondern sie dort abholen, wo sie stehen, und sie langsam an diese Haltung heranführen.

Bewußtes Ausatmen und Einatmen

Anleitung:
Bitte stellt euch hin (die Beine schulterbreit auseinander), beugt den Oberkörper nach unten, und atmet dabei ganz bewußt aus. Mit dem Einatmen richtet den Oberkörper wieder auf. Bleibt für einige Augenblicke stehen, und wiederholt das bewußte Aus- und Einatmen mit der Beugung des Oberkörpers noch etwa zwei- bis dreimal. Im Anschluß daran steht oder sitzt ganz still, und beobachtet den Atem.

Kommentar:
Durch das bewußte tiefe Ausatmen können innere Verspannungen und Ängste besser losgelassen werden. Das Ausatmen kann durch ein tiefes Seufzen begleitet werden. Durch das bewußte Einatmen kann neue Lebenskraft geschöpft werden.

3. Ruheübungen in der Stille und mit Musik

Maria Montessori, die sich mit der Bedeutung von Stilleübungen in der Erziehung beschäftigte, machte die Erfahrung, daß die meisten Kinder die Stille lieben.

Für viele Schülerinnen und Schüler der heutigen Generation ist es jedoch äußerst schwierig, still zu sein, den Körper einmal nicht zu bewegen. Deshalb werden zunächst einige didaktische Hinweise zur Einführung von Ruheübungen gegeben.

Die Kinder kommen leichter zur Ruhe, wenn sie die Außenreize durch das Schließen ihrer Augen verringern. Um sie zum Schließen der Augen zu motivieren, können wir sie fragen, welche Menschen am besten hören können. Die Antwort, daß Blinde in der Regel besser hören als Sehende, überzeugt die meisten. Sie können während der Ruhephase, in der sie Musik hören oder in die Stille lauschen, die Augen schließen. Haben einige Kinder Angst davor, so lassen sie die Augen so lange geöffnet, bis sie genug Vertrauen gewonnen haben, sie zu schließen.

Für einige Menschen ist es schwer, Stille (einen Zustand äußerer Reizarmut) „auszuhalten". Musik baut ihnen eine Brücke zur Stille. Deshalb werden zunächst Ruheübungen vorgestellt, bei denen die Schülerinnen und Schüler Musik hören.

Zur Entspannung eignen sich besonders Musik aus der Barockzeit und klassische Musik, aber auch Musik, die unter dem Begriff „New-Age-" oder „Wellness-Musik" zusammengefaßt wird. Bei Barockkompositionen mit Viervierteltakt und 60 Schlägen pro Minute sind besonders die Largo- und Adagio-Sätze geeignet.
Diese Musik
- steigert das körperliche und seelische Wohlbefinden,
- schafft eine angenehme Atmosphäre,
- harmonisiert geistige Prozesse und die Atmung,
- verbindet die beiden Gehirnhälften.

Die Auswirkungen von Musik können die Kinder auch selbst beobachten, wenn sie einmal Barockmusik und dann Techno music oder Hardrock hören.

Musikvorschläge

Die im folgenden genannten Musiktitel sind lediglich Vorschläge. Es kann auch andere entspannende Musik eingesetzt werden. Wichtig ist, daß Ihnen – wie auch den Kindern – die Musik gefällt; das ist eine Voraussetzung, um die Entspannung durch Musik erfolgreich an die Schüler weiterzugeben.

Es ist nicht notwendig, ständig das Musikangebot zu wechseln. Wird dieselbe Musik häufiger gespielt, beginnt die Entspannung schon, wenn die Schüler die ersten Töne hören.

Folgende Stücke bieten sich an:

J. S. Bach:	Largo aus dem Flötenkonzert in g-Moll, BWV 1056; Largo aus dem Konzert für Cembalo solo Nr. 5 in G-Dur, BVW 976
van Beethoven:	Mondscheinsonate
Corelli:	Concerti Grossi, Opus 4, Nr. 10, 11 und 12
Edvard Grieg:	Romance Streichquartett, Opus 27
Händel:	Concerti Grossi, Opus 3, Nr. 1, 2, 3 und 4
Vivaldi:	Die vier Jahreszeiten; Largo aus dem Konzert für Flöte, Streicher und Bassocontinuo in C-Dur, PV 79
Smetana:	Die Moldau
Mozart:	Eine kleine Nachtmusik
Gheorghe Zamfir:	Die goldene Panflöte

Eine Alternative zur Klassik sind folgende speziell für Entspannung und Meditation komponierte Titel:

G. und W. Zimmermann:	Music for Relaxation I, Sky-Dreams-Mandala
Mike Rowland:	The Fairy Ring; Silver Wings
Gomer Edwin Evans:	Entspannungsmusik für Kinder
George Winston:	Summer; December
Kitaro:	Silk Road

Während der Übungen können Sie leise im Klassenzimmer umhergehen und Kinder, die Schwierigkeiten haben, ruhig zu werden, unterstützen, z. B. indem Sie Ihre Hand auf den Rücken legen.

Entspannende Musik hören

Anleitung:
Wenn du magst, schließe deine Augen, versuche deinen Körper möglichst ruhig zu halten, und höre die Musik.

Sie lassen für einige Minuten die entspannende Musik ablaufen. Die Schülerinnen und Schüler können bei der Übung sitzen oder liegen.

Kommentar:
Diese Übung kann gut zum Stundenbeginn, nach Phasen, in denen viel geredet oder anstrengende Denkarbeit geleistet wurde, durchgeführt werden. Während der musikalischen Entspannungsphasen neigen die meisten Kinder dazu, ihren Kopf und Oberkörper auf den Tisch zu legen. Einerseits können wir es als einen Erfolg ansehen, wenn die Schüler es schaffen, auf diese Weise einmal einige Zeit ruhig und entspannt zu sein. Andererseits werden durch diese Körperhaltung der Energiefluß in der Wirbelsäule und die Atmung beeinträchtigt. Ein langfristiges Lernziel ist es, die Kinder zu ermuntern, während des Musikhörens die Wirbelsäule und den Kopf gerade aufzurichten, die Hände auf den Bauch zu legen, auf den Atem zu achten und die Augen geschlossen zu halten.

„Hitparade“

(Ab der vierten Grundschulklasse.)

Anleitung:
Bitte schließt die Augen, und hört die Musik, die ich jetzt vorspiele. Es ist Musik, die euch helfen kann, ruhig zu werden und zu entspannen. Ich werde zwei unterschiedliche Musikstücke vorspielen. Nachdem ihr jedes Musikstück eine kurze Zeit (etwa zwei bis drei Minuten) gehört habt, stellen wir fest, welche Musik euch besser gefallen hat. Es braucht jedoch niemand zu begründen, warum er diese oder jene Musik bevorzugt.

Kommentar:
Diese Übung eignet sich besonders zur Einführung von Ruheübungen mit Musik. Insbesondere für ältere Schülerinnen und Schüler kann die Ankündigung, daß zwei unterschiedliche Musikstücke angeboten werden und eine Abstimmung über ihre Beliebtheit erfolgt, ein Anreiz zur Ruhe und zum genauen Hinhören sein.

In die Stille hören

Anleitung:
Bitte schließt die Augen, werdet ganz ruhig, bewegt den Körper nicht, und lauscht in die Stille. Spürt euren Körper.

Die Übung kann zwei bis fünf Minuten oder noch länger dauern. Sie kann im Sitzen oder Liegen durchgeführt werden.

Kommentar:
Sie können die „Stille“ mit dem Kassettenrekorder aufnehmen und nach der Übung den Kindern vorspielen. Das Stillsein darf nicht als Disziplinierungstechnik verstanden werden. Ebenso wie Maria Montessori machten wir die Erfahrung, daß die meisten Kinder die Stille lieben (Faust-Siehl u. a. 1992, S. 7).

Nach der Übung können Sie die Kinder fragen: Wie fühlt es sich an, so still zu sein? Welche Geräusche habt ihr gehört? Wer möchte, kann kurz über seine Erfahrung berichten.

Meine Unruhe

(Ab der dritten Grundschulklasse.)

Anleitung:
Versucht einmal, so ruhig wie möglich zu sitzen oder zu liegen, und beobachtet, wo ihr in eurem Körper die meiste Unruhe spürt. Habt ihr die meiste Unruhe in den Händen, in den Füßen, im Kopf oder im Bauch? Beobachtet einmal ganz genau!

Nach etwa einer bis drei Minuten Beobachtungszeit bitten Sie die Kinder, die Augen zu öffnen, ihr Körperschema zu malen und darin ihre Hauptunruhezentren einzuzeichnen.

Körperschema
von Wolfgang:

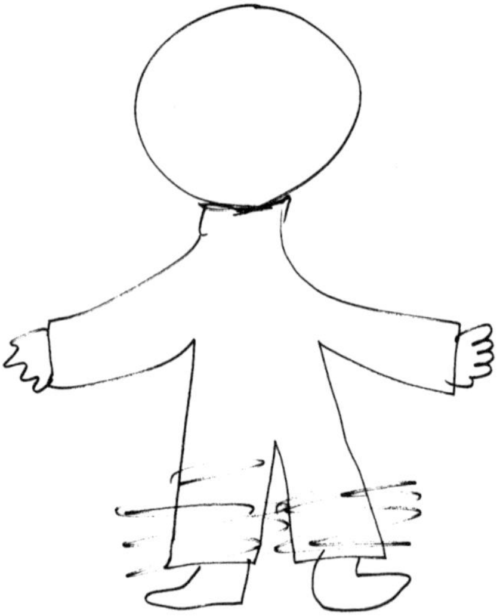

Nach dem Malen berichten die Kinder einander von ihren Erfahrungen mit und ihren Erkenntnissen zu ihrer inneren Unruhe. Antworten aus einer vierten Klasse:

Wolfgang: Ich kann meine Beine nicht stillhalten.
Ute: Ich habe manchmal Spaghetti im Kopf.
Serda: Ich muß immer mit den Händen fummeln.

Kommentar:
Viele Kinder sind ständig in Bewegung. Sie stehen regelrecht neben sich, ohne zu spüren, was sie tun. Diese Übung kann ihnen helfen, sich ihrer ständigen Unruhe bewußt zu werden. Das Bewußtwerden ist der erste Schritt zur Verhaltensänderung.

„Ruhige Insel“

Anleitung:

Von einem Tafelbild oder einem Poster von einer Ruhe-Insel ausgehend, erarbeiten die Kinder in einem Unterrichtsgespräch, wie das Leben auf einer ruhigen Insel aussehen kann.

(Die Abbildung zeigt eine solche Ruhe-Insel.)

Auf einer ruhigen Insel

- gibt es keine Fernsehgeräte,
- gibt es keine Autos,
- gibt es keine Geschäfte,
- können wir allein sein.

Im Anschluß an das „Inselgespräch“ sitzen die Schülerinnen und Schüler für einige Minuten still. Sie können dabei Musik hören und sich vorstellen, auf einer ruhigen Insel zu sein.

Alternative:
Die Schüler zeichnen eine Ruhe-Insel und hören dabei entspannende Musik.

Innerer Frieden

(Ab der vierten Klasse.)

Anleitung:
Beginnen Sie mit einem Tafelbild:

> Der Frieden in der Welt beginnt
> mit dem inneren Frieden
> jedes einzelnen Menschen.

Sie fragen: Was könnte mit dem Ausdruck „innerer Frieden“ gemeint sein? Was versteht ihr darunter? Könnt ihr euch an Situationen erinnern, in denen ihr so etwas wie inneren Frieden gespürt habt?

Nach dem Unterrichtsgespräch bitten Sie die Schülerinnen und Schüler: Setzt euch ruhig hin, und hört die Musik. Wenn ihr möchtet, könnt ihr euch an Zeiten oder Situationen erinnern, in denen ihr für euch allein oder im Zusammenleben mit anderen Menschen inneren Frieden gespürt habt.

Kommentar:
Diese Übung soll das friedliche Zusammensein im Klassenverband fördern. Kindern, die sich von Gewalt und Krieg bedroht fühlen, kann sie möglicherweise zu mehr Hoffnung und Zuversicht verhelfen.

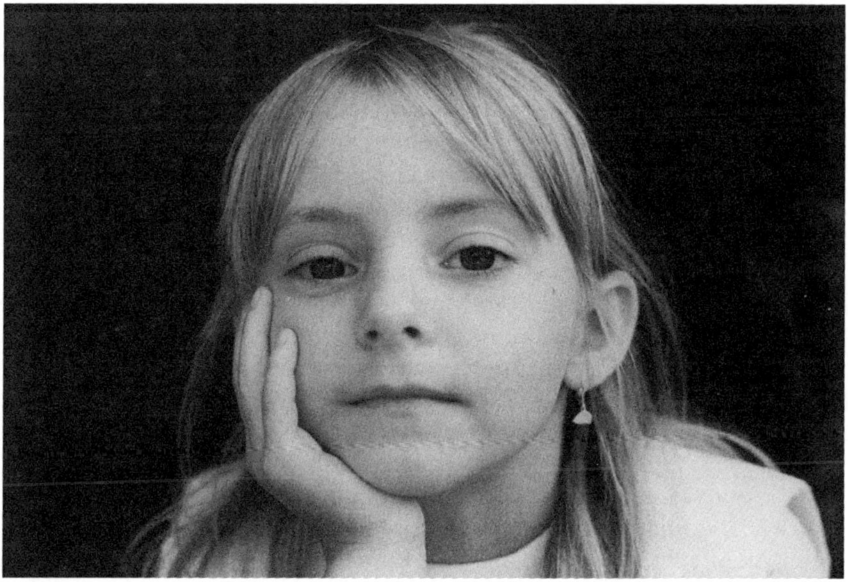

4. Phantasie-, Entspannungs- und Sensibilisierungsgeschichten

Wie schon aus den Worten abzuleiten ist, regen die im folgenden dargestellten Geschichten die Phantasie an, entspannen und wecken Gefühle. Deshalb können diese Geschichten Kindern helfen, sich von Ängsten und inneren Anspannungen zu lösen, Selbstvertrauen zu gewinnen, kreativer zu werden und Spaß zu haben. So können Kinder in ihrer Phantasie beispielsweise in einem warmen Schneegestöber herumtollen oder sich in einen starken Löwen oder in einen schlauen Fuchs verwandeln. Phantasietätigkeit führt zum Abbau von Aggressionen, da Schüler mit lebhafter Phantasie Konfliktsituationen und deren Lösungen in ihrer Gedankenwelt bewältigen können (Petermann/Petermann 1991, S. 94).

Darüber hinaus können Phantasiegeschichten der Suchtprävention dienen. Wenn Kinder lernen, sich durch diese Phantasiegeschichten Anregungen zur Bewältigung der Realität zu holen, besteht weniger die Gefahr, in süchtiges Verhalten (unmäßigen Konsum von Süßigkeiten, Fernsehen etc.) zu verfallen.

Wie können Phantasiegeschichten eingesetzt werden?
Phantasiegeschichten können eingesetzt werden nach anstrengenden Arbeiten, montags, wenn die Kinder ihr Wochenende verarbeiten müssen, wenn an grauen Regen- und Wintertagen das Stimmungsbarometer ganz unten ist oder in sozialen Situationen, in denen die Kinder sich in bestimmte Menschen oder Sachverhalte einfühlen sollen.

Wir helfen den Kindern, sich auf Phantasiegeschichten einzulassen, wenn wir sie darauf hinweisen, daß es in der Phantasie kein Falsch und kein Richtig gibt. Sie sollten deshalb betonen, daß die Arbeit mit diesen Geschichten nicht durch Noten bewertet wird. Ihre Anleitung zu den Geschichten dient lediglich als Anregung, die die Kinder nicht in allen Details aufgreifen müssen. Beispielsweise werden nicht alle Kinder die Anregung, sich auf eine Wolke zu setzen, in ihre Vorstellung umsetzen wollen oder können.

Die Phantasie-, Entspannungs- und Sensibilisierungsgeschichten gelingen besser, wenn sie mit einer kurzen Entspannungsphase eingeleitet werden. Die Kinder können für einige Augenblicke Musik hören und auf ihren Atem achten. Ebenso wie wir dieselben Märchen mehrmals lesen können, ist es möglich, auch die gleiche Phantasiegeschichte zu wiederholen. Sie können natürlich auch neue Phantasiegeschichten entwickeln oder die in der Literatur vorgegebenen Beispiele (Murdock 1989, S. 32) so abwandeln bzw. kürzen, daß sie der jeweiligen sozialen Situation entsprechen.

Um mehr das Gefühl als den Intellekt anzusprechen, sind diese Geschichten leicht verständlich gehalten. Die Sätze und Wörter sollten den Schülerinnen und Schülern Raum für ihre Phantasie geben. Die Geschichten werden langsam, mit ruhiger Stimme vorgelesen oder erzählt. Während der Geschichte können die Kinder sitzen oder liegen. Im Hintergrund kann leise entspannende Musik gespielt werden. Wenn die Kinder während oder nach der Geschichte gähnen oder sich müde fühlen, ist das ein Zeichen von Entspannung.

Was geschieht nach einer Phantasiegeschichte?
Es gehört zu Ihrer Verantwortung, darauf zu achten, daß die Schülerinnen und Schüler nicht in der Phantasiewelt steckenbleiben. Die Kinder sollen durch die Phantasiegeschichten Kraft schöpfen, um das Leben in der realen Welt besser zu bewältigen. Dies ist gewährleistet, wenn Sie sie am Ende jeder Phantasiegeschichte in die Gegenwart zurückführen. Deshalb enden Geschichten mit dem ganz bewußten Wieder-Ankommen im Klassenraum. Zur körperlichen Aktivierung kann nach der Phantasiereise

die Wirbelsäule gedehnt werden (siehe Seite 27). Sie können auch mit der ganzen Klasse oder mit besonders verträumten Kindern über den Unterschied zwischen Phantasie und Realität sprechen.

Nach einer Phantasiegeschichte können die Kinder zu zweit oder in kleinen Gruppen über ihre Phantasien reden. Sie können auch ein Bild malen (siehe dazu die Ausführungen zum entspannenden Malen auf Seite 53), oder Sie können in den „normalen" Unterricht überleiten.

Manchmal kommen durch die Phantasiegeschichten oder auch durch andere Entspannungsübungen bei den Kindern verdrängte Verletzungen, Sehnsüchte nach Geborgenheit und Liebe oder das Gefühl der Trauer an die Oberfläche. Beispielsweise begann ein Mädchen aus einer dritten Klasse während der Phantasiegeschichte „Reise zu einem Platz, an dem ich mich ganz besonders wohlfühle" zu weinen. Durch die Phantasiereise erinnerte es sich an das Haus und den Garten ihrer Großeltern, in dem sie vor dem Umzug nach Berlin gelebt hatte, und sie war traurig, daß sie diese Lebensform in Berlin nicht genießen konnte. Natürlich sollten wir niemanden bewußt zum Weinen bringen, dennoch sind Tränen nicht negativ. Häufig sind sie für die Weinenden eine Befreiung und Erleichterung. Ungeweinte Tränen verhärten uns; deshalb ist es wichtig, daß wir in der Schule ein soziales Klima schaffen, in dem auch das Gefühl der Traurigkeit ausgedrückt werden darf. Es geht also nicht immer darum, die Tränen so schnell wie möglich zu stoppen. Vielmehr ist es unsere Aufgabe, für die Weinenden da zu sein. Je nachdem wie die menschliche Beziehung zu ihnen ist, können Sie die Weinenden auch körperlich berühren. Oder Sie können die Mitschüler anleiten, für die Weinenden da zu sein. Wenn die Tränen getrocknet sind, können wir die Kinder behutsam fragen, ob sie über ihre Trauer reden möchten. Manchmal möchten sie ihren Kummer der gesamten Klasse mitteilen, manchmal nur ihren engsten Freunden, der Lehrerin oder dem Lehrer erzählen. Einige Kinder möchten ihren Kummer nicht verbal, sondern in einem Bild ausdrücken (siehe hierzu die Ausführungen zum Ausdrucksmalen auf Seite 52). Eine wichtige Aufgabe ist es auch, die Weinenden vor eventuellen Verspottungen der Mitschüler zu schützen. Insbesondere aggressive Kinder neigen dazu, Tränen als Schwäche zu sehen und die Weinenden zu verlachen.

Phantasie-, Entspannungs- und Sensibilisierungsgeschichten können von Ihnen selbst erfunden werden. Sie sollten *im Zusammenhang mit den Unterrichtsinhalten und dem sozialen Verhalten der Kinder* stehen. Wir können unterscheiden zwischen mehr oder weniger stark gelenkten und weitgehend offenen Geschichten. Sensibilisierungsgeschichten, die den Kindern helfen, sich „einzuspüren" (z. B. in einen Baum) sind immer gelenkt. Phantasiegeschichten können gelenkt oder offen sein. Manche Schüler und Schülerinnen haben keine Schwierigkeiten, ihre Phantasie völlig frei zu entwickeln, deshalb bevorzugen sie gelenkte Geschichten. Andere fühlen sich durch die Anregungen der gelenkten Geschichten eher eingeengt; sie fühlen sich wohler, wenn sie ganz frei phantasieren.

Ob bei der einzelnen Geschichte die Entspannung, die Phantasie, das

Spüren oder eine Mischung davon im Vordergrund steht, wird nicht nur durch den Inhalt der Geschichte, sondern auch durch die Sehnsüchte und Gefühle der Kinder bestimmt.

Im folgenden werden zwei Beispiele für gelenkte Phantasiegeschichten gegeben.

Phantasiegeschichte:
Reise zu einem Ort, an dem du dich ganz besonders wohlfühlst

Anleitung:
Sie sagen (eventuell zu entspannender Musik, siehe Seite 37) etwa folgendes (die gestrichelten Linien bedeuten dabei Sprechpausen):

Setz dich (oder leg dich) so hin, daß du ruhig sein kannst. Wenn du magst, schließe die Augen. – – – – – Mit geschlossenen Augen gönnst du dir jetzt eine Ruhepause. – – – – – Während du mir zuhörst, kannst du dich in die Arme eines Menschen, den du gern hast, oder in eine Schäfchenwolke einkuscheln. – – – – – Wenn du möchtest, kannst du dich auch auf einen fliegenden Teppich, auf einen Regenbogen oder auf den Rücken eines Vogels setzen. – – – – – Leicht und sanft wie eine Feder oder wie ein bunter Schmetterling wirst du nun durch die warme Luft getragen. – – – – – Du fliegst zu einem Ort, an dem du dich ganz besonders wohl und geborgen fühlst. – – – – – Das kann ein Ort sein, den du in der Phantasie erfindest, oder ein Ort, den es tatsächlich gibt. – – – – – Vielleicht spürst du die warme Luft, – – – – – und du fühlst dich sicher und geborgen und fliegst immer weiter und höher. – – – – – Vielleicht kannst du mit geschlossenen Augen aus der Ferne deinen ganz besonderen Ruheplatz schon sehen. – – – – – Du kommst immer näher und näher heran. – – – – – Du siehst die Umrisse und Farben des Ortes.– – – – – Vielleicht riechst du seinen Duft. – – – – – Wenn du an deinem Traumort ankommst, freut sich dein Herz; denn an deinem Traumort geschieht nur das, was dir gefällt. – – – – – Das Wetter ist gerade so, wie du es gern hast. – – – – – Und du hast die Freiheit, das zu tun, was du möchtest. – – – – – Vielleicht möchtest du – – – – – herumwandern – – – – – oder im warmen Wasser schwimmen, – – – – – vielleicht lesen – – – – – oder schlafen oder einfach nur dasein und träumen. – – – – – Vielleicht möchtest du noch etwas ganz anderes erleben. – – – – – Du kannst an deinem Traumort allein sein, – – – – – oder du kannst dir vorstellen, du liegst in den Armen eines Menschen, den du ganz besonders gern hast, – – – – – oder du kannst mehrere Menschen einladen, bei dir zu sein. – – – – – Dein Traumplatz ist wie eine Oase oder eine Quelle. – – – – – Während du an deinem

Traumort bist, spürst du, wie du ruhiger und ruhiger wirst. Es ist so, als würde ein Zauberer oder eine gute Fee dir helfen, unendlich viel innere Ruhe und Kraft zu spüren. Du freust dich über deine innere Ruhe und Kraft. – – – – – Langsam, langsam nimmst du nun Abschied von deinem Traumort. – – – – – Du fliegst wieder durch die Luft. – – – – – Aus der Ferne siehst du schon – – – – – die Schule, – – – – – den Schulhof, – – – – – behutsam öffnest du die Augen und kommst hier im Raum an, – – – – – und du fühlst dich wach und erfrischt, – – – – – und – – – – – du schaust deine Mitschüler an – – – – –.

Phantasiegeschichte: ***Dinosaurier***

Anleitung:
Sie sagen etwa folgende Worte:

Ich lade dich jetzt ein, mit einem Dinosaurier zu verreisen.

Du weißt ja, die Dinosaurier haben vor langer, langer Zeit gelebt. – – – – – Und du reist jetzt mit dem Dinosaurier zurück in deine Vergangenheit. – – – – – Damit die Reise losgehen kann, setzt du dich auf den Rücken eines Dinosauriers und machst es dir dort so richtig schön gemütlich. – – – – – Du bist neugierig, was du in deiner Phantasie mit geschlossenen Augen siehst. – – – – – Dann geht die Reise los. – – – – – Du erinnerst dich an alles Schöne aus deiner Vergangenheit. – – – – – Vielleicht fällt dir all dein Spielzeug ein, mit dem du gern gespielt hast. – – – – – Vielleicht erinnerst du dich an ein schönes Geschenk, das du einmal bekommen hast. – – – – – Vielleicht erinnerst du dich auch an all die Kinder, mit denen du gerne gespielt hast. – – – – – Du siehst, wo du gespielt hast – – – – – und was du gespielt hast. – – – – – Nun fallen dir besonders schöne Tage in deinem Leben ein. – – – – – Vielleicht waren das schöne Ferientage – – – – – oder schöne Schultage – – – – – oder dein Geburtstag – – – – – oder ein anderer besonders schöner Tag. – – – – – Du bekommst gute Laune und fühlst dich immer besser und besser. – – – – – Vielleicht erinnerst du dich auch an schöne Zeiten mit Erwachsenen. – – – – – Dir fallen immer mehr schöne Zeiten und Erlebnisse ein. – – – – – Du spürst, wie gut es sich anfühlt, sich an schöne Zeiten zu erinnern. – – – – – Du behältst all die schönen Erinnerungen in deinem Herzen. – – – – – Langsam, langsam bereitest du dich nun auf die Rückreise vor. – – – – – Der Dinosaurier reist mit dir zurück in die Gegenwart. – – – – – Du bedankst dich bei dem Dinosaurier und steigst von seinem Rücken ab, – – – – – und du kommst wieder hier an. – – – – – Du reckst und streckst dich und fühlst dich wach und erfrischt. – – – – –

Kommentar:
Diese Geschichte kann Kindern helfen, positive Erinnerungen wachzurufen. Wir können hoffen, daß sie dadurch neue Kraft für die Gegenwart schöpfen.

Phantasiegeschichte: *Reise zu einem fremden Planeten*

Anleitung:
Du bist jetzt sicher neugierig, was ich dir erzählen werde. – – – – – Während du mir zuhörst, machst du es dir so richtig gemütlich. – – – – – Vielleicht schließt du deine Augen. – – – – – Die Astronauten Luck und Peggy laden dich ein, mit ihnen zu einem entfernten Planeten zu fliegen. – – – – – Während du etwas aufgeregt bist, hilft Luck dir, in den Raumfahrtanzug zu steigen. – – – – – Es ist ein besonderes Gefühl, so ein Ding anzuziehen. – – – – – Du siehst darin ganz dick, groß und stark aus, – – – – – und du kannst dich darin nur ganz langsam bewegen. – – – – – Doch in deinem Raumfahrtanzug fühlst du dich sicher und geborgen. – – – – – Mit Luck und Peggy steigst du in die Raumfahrtkapsel ein. – – – – – Du schnallst dich an. – – – – – In deinem Raumfahrtanzug fühlst du dich sicher und geborgen. – – – – – Einer drückt auf den Startknopf. – – – – – Jetzt fliegt ihr weiter und weiter von der Erde weg. – – – – – In deinem Raumfahrtanzug fühlst du dich sicher und geborgen. – – – – – Sanfter als du gedacht hast, landet ihr und steigt aus. – – – – – Ihr seid auf einem fremden Planeten gelandet. – – – – – Hier sieht alles ganz ungewöhnlich und sehr, sehr schön aus. – – – – – In deinem Raumfahrtanzug fühlst du dich sicher, geborgen und ganz ganz leicht. – – – – – Während du wie eine Feder schwebst, – – – – – siehst du in der Ferne etwas Ungewöhnliches, – – – – – es glänzt und glänzt und glänzt. – – – – – Mit Peggy und Luck schwebst du auf das Ungewöhnliche zu. – – – – – Ihr kommt näher und näher. – – – – – Ihr fliegt auf eine wunderschöne Landschaft zu. – – – – – Hier ist alles aus Gold. – – – – – Du schaust und schaust, alles sieht so schön und wertvoll aus. – – – – – Da seht ihr auch schon die ersten Lebewesen. – – – – – Auch sie glänzen und sind aus Gold, – – – – – und sie bringen euch ein Geschenk entgegen. – – – – – Das Geschenk ist sehr, sehr wertvoll. – – – – – Es ist ein Herz aus Gold. – – – – – Du freust dich. – – – – – Es ist ein schönes Gefühl, so ein wertvolles Herz zu besitzen. – – – – – Die Lebewesen, die ein Herz aus Gold haben, spüren tief im Herzen, daß sie wertvoll sind. – – – – – Sie sind meistens friedlich, – – – – – und sie finden leichter Freunde. – – – – – Ihr bleibt noch einige Zeit bei den Goldwesen, – – – – – du fühlst dich

bei ihnen richtig wohl, – – – – – und du lernst von den Goldwesen viel, viel Gutes. – – – – – Nach einiger Zeit schwebst du mit Luck und Peggy zurück zur Raumkapsel. – – – – – Ihr steigt ein, du drückst auf den Startknopf, und ihr macht euch auf den Weg zurück zur Erde. – – – – – Nach einiger Zeit landet ihr. – – – – – Du verabschiedest dich von Luck und Peggy, – – – – – dann ziehst du den Raumfahrtanzug aus, – – – – – aber die friedliche Stimmung bewahrst du noch lange in deinem goldenen Herzen. – – – – – – – – – – – Gleich zähle ich von fünf nach eins, und du beginnst dich langsam zu bewegen. Bei eins bist du hellwach und erfrischt. Fünf – – – – – vier – – – – – drei – – – – – zwei – – – – – eins.

Kommentar:
Wir dürfen nicht zu viel erwarten. Diese Phantasiegeschichte kann Schülerinnen und Schüler immer wieder in ihrem Selbstwertgefühl stärken und sie motivieren, das Gute in sich zu entdecken. Es wäre aber auch schon ein schöner Erfolg, wenn die Kinder anschließend ruhiger und gelassener zu ihrem Alltag zurückkehren könnten.

Die folgende Phantasiegeschichte ist weitgehend offen und läßt den Kindern viel Raum für ihre Kreativität.

Phantasiegeschichte: *In der Phantasie ist alles möglich*

Anleitung:
Sie sagen (eventuell zu passender Musik) etwa folgendes:

Setz dich auf eine Wolke – – – – – oder auf einen Regenbogen, – – – – – oder laß dir Flügel wachsen. – – – – – Flieg wie ein Schmetterling oder wie ein Vogel durch die Luft. – – – – – Laß deiner Phantasie freien Lauf. – – – – – In deiner Phantasie ist alles möglich. – – – – – PAUSE.

Sie schweigen und geben den Kindern Zeit zum Träumen.

Wie lange eine solche offene Phantasiereise dauert, ist recht unterschiedlich. Sie kann zwei bis fünf Minuten oder auch länger dauern. Zum Ende sagen Sie:

Nun spürst du, wie du langsam die Phantasiewelt verläßt. – – – – – Du spürst deinen Körper, – – – – – du bewegst deine Finger etwas, – – – – – du öffnest deine Augen – – – – – und schaust im Raum umher.

Kommentar:
Diese offene Phantasiegeschichte kann von Ihnen spontan in vielen Unterrichtssituationen eingesetzt werden, zum Beispiel um die Kinder „abzukühlen“, wenn sie nach einer Klassenarbeit oder nach dem Sportunterricht überdreht sind.

Sensibilisierungsgeschichte:
Stell dir vor, du bist ein Baum

Anleitung:
Schließ deine Augen, gib dir die Erlaubnis, dich zu entspannen, und stell dir vor, du bist ein Baum. – – – – – Deine Füße sind deine Wurzeln. – – – – – Vielleicht spürst du, wie deine Füße als Wurzeln tief in die Erde wachsen. – – – – – Deine Füße geben dir Halt und Nahrung. – – – – – Vielleicht spürst du die Erde. Vielleicht spürst du, wie sich die Erde anfühlt, – – – – – ob sie warm oder kalt, hart oder trocken ist. – – – – – Deine Beine und der untere Körper sind dein Baumstamm. – – – – – Vielleicht spürst du, ob dein Stamm zart und dünn oder stark und kräftig, gerade oder verbogen ist. – – – – – Vielleicht spürst du, welche Rinde du hast. – – – – – Du spürst, ob sie hart oder weich ist. – – – – – Manchmal reißen Menschen etwas von deiner Rinde ab oder schlagen Nägel in deinen Stamm. – – – – – Wenn du am Straßenrand stehst, stoßen die Autos mit ihren Stoßstangen an deinen Stamm. – – – – – Vielleicht spürst du, wie dir das weh tut, Baum. – – – – – Dein Oberkörper und die Arme sind die Baumkrone. – – – – – Vielleicht spürst du, wie deine Äste nach oben ragen. – – – – – Im Frühjahr bilden sich an den Ästen kleine Blätter. – – – – – Vielleicht spürst du den Regen auf den Blättern. – – – – – Im Sommer spürst du vielleicht die Hitze. – – – – – Vielleicht spürst du im Herbst den Wind, der dir deine Blätter nimmt. – – – – – Vielleicht spürst du im Winter den Schnee auf deinen Ästen. – – – – –

Kommentar:
Bei dieser Geschichte steht nicht die Phantasie, sondern das Spüren im Vordergrund. Sie ist im Rahmen von Umweltschutzprojekten, in Unterrichtseinheiten zum Thema Baum oder als Vorbereitung auf eine künstlerische Darstellung eines Baumes gut einzusetzen. Es kommt nicht darauf an, daß die Kinder alle Einzelheiten, die in der Geschichte dargestellt werden, spüren. Schön ist es, wenn es ihnen gelingt, Bäume mit anderen Augen zu sehen und einen sinnlich-emotionalen Zugang zu Bäumen zu finden. Diese Geschichte kann durch Unterrichtserkundungen, in denen Schüler Bäume in der Natur anfassen und beobachten, bereichert werden.

5. Entspannendes Malen

Wenn Schüler und Schülerinnen im Kunstunterricht malen, werden ihre Bilder bewertet, und ihre Kreativität wird häufig durch die Vorgabe bestimmter Themen und Maltechniken eingeengt. Wen wundert es da, wenn sie heimlich Bänke, Stühle, Wände, Tische bekritzeln und Toiletten beschmieren, um ihre angestauten Gefühle auszudrücken?

Beim entspannenden Malen kommt es nicht darauf an, einen bestimmten Gegenstand oder ein Thema künstlerisch darzustellen. Das befreiende und damit Entspannende an dieser Malform ist, daß Kinder malen, wie und was sie gerade malen möchten. Ohne viel nachzudenken, malen sie, was sie gerade empfinden. Das Sich-Ausdrücken im Bild, das Malen, der Umgang mit Farben, kann Energien und Gefühle freisetzen und damit befreiend auf die Psyche wirken. „Kunst ist ja Therapie." (Josef Beuys)

Nicht das Ziel, das fertige Bild, steht bei dieser Malform im Vordergrund, sondern der Prozeß des Malens. Deshalb werden diese Bilder niemals benotet oder kritisiert. Aber auch Lob wird vermieden; denn es macht ebenso abhängig wie Kritik. Loben Sie Kinder für ihre Bilder, so besteht die Gefahr, daß sie auf jene Art malen, die ihnen Lob einbringt. Damit schwindet ihre Möglichkeit, sich selbst durch das Malen zu finden und auszudrücken.

Den meisten Kindern macht das entspannende Malen Spaß. Sie selbst deuten die Bilder nicht; Sie leiten die Schülerinnen und Schüler jedoch an, während des Malens in sich hineinzuspüren.

Anleitung:
Stell dir vor, deine Gedanken haben Urlaub, und du malst ein Bild, ohne viel darüber nachzudenken, was und wie du malst. Du brauchst auch nichts vorzumalen. Nimm einen Stift in die Hand. Vielleicht hat der Stift deine Lieblingsfarbe. Es ist gut, wenn du einfach anfängst. Dein Kopf braucht nicht zu wissen, was du malen wirst. Laß dein Herz und deine Hand einfach malen. Fang einfach an zu malen, und spüre, wie du dich dabei fühlst. Du malst ein Bild nur für dich. Dein Bild kann niemals falsch sein. Es ist immer richtig. Die anderen brauchen dein Bild gar nicht zu verstehen. Während des Malens rede gar nicht oder flüstere nur.

Was sagen die Schüler zum Malen?
Schüleraussagen einer dritten Klasse:

Thomas:	Das Malen macht Spaß.
Lisa:	Das Malen macht mir auch Spaß. Ich mache da nämlich immer alles richtig.
Sahra:	Ich finde das Malen toll. Da kann ich wenigstens malen, was ich will.
Nelson:	Ich habe mich in der Höhle gemalt. Oben scheint die Sonne, und unten habe ich einen dicken, schwarzen Fisch mit großen Zähnen gemalt. (Siehe Nelsons Bild auf Seite 45.)

Kommentar:
Beim entspannenden Malen haben Sie die Aufgabe, die Kinder darauf hinzuweisen, daß sie die Bilder nicht gegenseitig bewerten dürfen. So ist es nicht erlaubt zu sagen, ein Bild sei schön, blöd oder langweilig. Die Mitschüler und die Lehrer dürfen lediglich ihre Empfindungen zu den Bildern der anderen ausdrücken. Beispielsweise darf Thomas zu Mona sagen: „Wenn ich dein Bild sehe, bekomme ich Lust zu verreisen."

Das Ausdrucksmalen kann gut nach einer Phantasiereise oder montags, wenn die Schüler ihre Wochenenderlebnisse verarbeiten müssen, eingesetzt werden. Während des Malens können die Kinder entspannende Musik hören. Zum Malen im Klassenraum sind Wachsmalstifte gut geeignet. Anschließend können die Kinder etwas zu ihren Bildern sagen, sie müssen aber nicht. Das Reden muß freiwillig geschehen.

6. Übungen zur Stärkung der Persönlichkeit und zum sozialen Lernen

Obwohl die nachfolgenden Übungen auf den ersten Blick nicht als Entspannungsübungen zu erkennen sind, wirken sie entspannend; denn sie können die Persönlichkeit der Kinder stärken sowie ihre Wahrnehmungsfähigkeit, ihre Sensibilität und soziale Kompetenz erweitern. Somit können sie dazu beitragen, das soziale Klima in der Klasse zu entspannen und friedlicher zu gestalten.

Oft ist es sinnvoll, diese Übungen den in den vorherigen Kapiteln dargestellten Entspannungsübungen voranzustellen. Bevor Schülerinnen und Schüler fähig werden, ruhig zu sein, brauchen sie oft Gelegenheiten, um auszusprechen, was sie bewegt.

Gefühle ausdrücken

(Ab der dritten Grundschulklasse.)

Anleitung:
Sie fragen: Was sind Gefühle? Welche Gefühle kennt ihr? Die Kinder tragen in einem Klassengespräch oder in Gruppenarbeit zusammen, was sie ängstlich, traurig, freudig, wütend macht(e), und sie erzählen, wie sie sich bei den jeweiligen Gefühlen verhalten (haben).

Antworten einer dritten Klasse:

Thomas:	Hunger ist ein Gefühl.
Aysel:	Angst haben, das fühlt sich schlecht an.
David:	Gefühl, das ist, wenn mein Bein weh tut.
Tina:	Wenn ich traurig bin, lege ich mich ins Bett.
Ingo:	Ich bin manchmal auf meinen kleinen Bruder wütend, dann schmeiße ich seine Sachen durch das Zimmer.
Tim:	Wenn ich mich freue, habe ich gute Laune und vertrage mich besser mit meiner Mutter.
Stephan:	Wenn ich wütend bin, kloppe ich und sage Ausdrücke.
Oktan:	Wenn ich Angst habe, laufe ich ganz schnell nach Hause.
Susi:	Wenn ich wütend bin, bin ich beleidigt und rede nicht.

Sie bitten nun die Kinder, eine Körperhaltung einzunehmen, die ein bestimmtes Gefühl, z. B. Freude, Angst, Trauer oder Wut, ausdrückt. Während der Übung können die Kinder durch den Raum gehen oder auf ihren Plätzen bleiben. Oder: Sie bitten sie, ein Bild zu malen, in dem Gesichter oder Gefühle wiedergegeben werden. Eine weitere Möglichkeit: Sie bitten sie, sich für einige Minuten ruhig hinzusetzen und zu spüren, wie sie sich gerade fühlen.

Kommentar:
Viele Kinder wachsen in Familien auf, in denen kaum Gespräche stattfinden und Gefühle gar nicht oder unangemessen (z. B. durch Wutausbrüche der Eltern) ausgedrückt werden. Oft ist es eine Erleichterung für sie, wenn sie erfahren, daß auch ihre Mitschüler und Lehrer Gefühle wie Angst, Trauer, Wut und Freude spüren.

Auffällig ist, daß ein Teil der Kinder zwar keine Schwierigkeiten hat, Wut auszudrücken, es ihnen jedoch schwerfällt, etwas Positives an sich selber und anderen zu entdecken oder auch Gefühle wie Freude, Angst und Trauer auszudrücken. Wichtig ist es auch, die Kinder über ihre „komischen" Gefühle reden zu lassen. Das sind Gefühle, die nicht so klar in Freude, Trauer, Wut oder Angst einzuordnen sind. Das Reden über diese „komischen“ Gefühle hilft ihnen, innere Unklarheiten auszusprechen und Wege zur Verarbeitung zu finden.

Viele Menschen glauben, einige Gefühle (z. B. Freude) seien positiv, andere (z. B. Wut) negativ. Das ist falsch bzw. undifferenziert: Freude über die Sechs eines Mitschülers ist negativ; Wut über eine ungerechte Behandlung ist verständlich (besser als das Nichtspüren oder In-sich-hinein-Fressen der Wut). Wichtig ist, Kindern zu vermitteln, daß es in Ordnung ist, alle Gefühle wahrzunehmen, daß es aber nicht in Ordnung ist, mit ihren Gefühlen anderen Menschen Schaden zuzufügen.

Das Gefühl, mit dem wir am häufigsten anderen Menschen schaden, ist das Gefühl der Wut. In unserer Gesellschaft sind die Jungen und Männer nach außen hin eher gewalttätig als Mädchen und Frauen. Während viele Jungen ihre Wut und ihren Ärger offen zeigen, haben sie häufig Schwierigkeiten, Gefühle wie Trauer und Angst zuzulassen. Die meisten Mädchen und Frauen halten ihre Wut eher zurück, zeigen aber Gefühle wie Trauer und Angst offener als die Jungen.

Es ist sinnvoll, daß *beide* Geschlechter lernen, ihre offene oder unterdrückte Wut nicht gegen sich oder andere zu richten, sondern konstruktiv mit ihrer Wut umzugehen. Ein Beispiel für den konstruktiven Umgang mit Wut: reden und sich für Verbesserungsvorschläge einsetzen statt zuschlagen. Durch Gespräche über Gefühle lernen sich die Kinder besser kennen und verstehen.

Ich bin mit meinen Gefühlen nicht allein

(Ab der dritten Grundschulklasse.)

Anleitung:
1. Teil: Die Klasse teilt sich in Paare (Partner A und B). Zuerst beginnt Partner A Partner B zu erzählen, was ihn in seinem Leben am meisten wütend macht oder gemacht hat. Partner B redet möglichst wenig, während Partner A erzählt. Er hört besonders gut zu und versucht, sich in seinen Partner einzufühlen. Wenn er etwas nicht verstanden hat, kann er nachfragen.

Nach etwa 2 bis 5 Minuten wechseln die Partner.

2. Teil: Partner A erzählt der gesamten Klasse das Wichtigste, was Partner B ihm erzählte, und umgekehrt.

Kommentar:
Wut ist ein Gefühl, das bei uns gefährliche Verhaltensweisen auslösen kann. Kinder und Jugendliche, die in der Schule durch ihr aggressives Verhalten auffallen und die dieses häufig in ihren Familien vorgelebt bekommen und erlernen, gehen oft davon aus, daß es in der außerfamiliären Welt ebenso aggressiv zugeht wie in ihrer Familie. Das heißt, diese Kinder nehmen an, daß sie ihre Bedürfnisse nur auf aggressive Weise befriedigen können. Deshalb ist es gut, wenn sie lernen, in Konfliktsituationen bewußter und langsamer zu reagieren. Zur Verhaltensänderung brauchen sie Anleitung.

Schon das Reden über ihre Wut kann die Kinder emotional entlasten und ihnen ihre Aggressionen bewußt machen. Doch eine wirkliche Verhaltensänderung geschieht nicht nur über intellektuelle Erkenntnisse, sondern sie ist ein langsamer Prozeß, der in erster Linie über das praktische Erproben und Anwenden der neu gewonnenen Einsichten in Gang gesetzt wird.

Durch diese Partnerübung wird auch das Mitfühlen und Hinhören der Kinder geschult. Sollte ein Partner das, was ihm der andere Partner erzählte, falsch oder nur unzureichend wiedergeben, darf er vom anderen darauf aufmerksam gemacht werden. Falls ein Schüler oder eine Schülerin nicht möchte, daß seine bzw. ihre Gefühle oder Erlebnisse in der Großgruppe erzählt werden, wird der Wunsch respektiert.

Weiterführung dieser Übung:
Diese Übung kann auch mit anderen Gefühlen, also dem Gefühl der Angst, der Freude, der Traurigkeit, durchgeführt werden.

Liebevolles Verhalten

(Für alle Altersstufen geeignet.)

Anleitung:
In einem Unterrichtsgespräch tragen die Kinder liebevolle Verhaltensweisen zusammen. Diese Verhaltensweisen werden im Tafelbild oder Poster, welches für längere Zeit im Klassenraum aufgehängt werden kann, festgehalten. Das Tafelbild könnte z. B. so aussehen:

Liebevolles Verhalten

- teilen
- mitspielen lassen
- helfen
- freundlich sein
- trösten
- zuhören
- etwas Nettes sagen
- ehrlich sein
- Spaß verstehen
- andere nicht auslachen oder verspotten

Kommentar:
Durch diese Übung erhalten Kinder eine Orientierung für ein positives Sozialverhalten. Einigen fällt es leicht, mit Schimpfwörtern umzugehen. Doch den Mut zu haben, sich liebevoll zu verhalten, muß in einigen Klassen regelrecht geübt werden. Kinder mit einem negativen Sozialverhalten haben oft Schwierigkeiten, Freunde zu gewinnen. Ihnen kann es helfen, wenn Sie darauf hinweisen, daß die positiven Verhaltensweisen es leichter machen, Freunde zu finden.

Verhaltensspiegelung

(Ab der dritten Grundschulklasse.)

Anleitung:
Die Kinder sitzen in einem Stuhlkreis zusammen, und jedes bekommt von den Mitschülern eine Verhaltensspiegelung. Der Lehrer achtet darauf, daß den einzelnen Kindern mindestens drei positive Eigenschaften gesagt werden. Daran anschließend darf ein Wunsch für eine Verhaltensänderung geäußert werden. Die Aussagen der Schüler werden in Ich-Sätzen formuliert.

Beispiele für Peters Verhaltensspiegelung:

Fatma zu Peter:	Ich finde es gut, daß du nicht so grob wie die anderen Jungen bist.
Brigitte zu Peter:	Ich meine das gleiche wie Fatma.
Kim zu Peter:	Ich finde es gut, daß du mich immer zum Fußballtraining abholst.
Thomas:	Ich finde es toll, daß du mir manchmal beim Rechnen hilfst.
Mustafa zu Peter:	Ich wünsche mir, daß du nicht so angibst, wenn du im Diktat weniger Fehler hast als ich.

Kommentar:
Die Verhaltensspiegelung hilft den Kindern, ihre Wahrnehmung zu schulen, sich selbst kennenzulernen, sich gegenseitig zu „erziehen“ und Konflikte konstruktiv auszutragen. Insbesondere für Kinder, die keine Geschwister haben, die in erster Linie mit Erwachsenen zusammen sind oder die in ihren Familien keine Möglichkeit haben, ein positives Sozialverhalten einzuüben, ist diese Verhaltensspiegelung eine gute Förderung des sozialen Lebens.

Ihnen fällt die Aufgabe zu, darauf zu achten, daß die Verhaltensspiegelung nicht in unfaire Kritik ausartet. Wir können die Kinder bitten, bevor sie Kritik üben, sich innerlich zu fragen, warum sie Mitschüler kritisieren möchten. Steckt hinter der Kritik das Motiv, andere herunterzumachen, um sich selbst zu erhöhen, ist die Kritik unangebracht. Ist die Kritik geeignet, Mitschüler anzuregen, ihr Sozialverhalten zu verbessern, sollte sie geäußert werden.

Kreisgespräche, in denen Kinder sich ihr Verhalten spiegeln, können immer wieder stattfinden. Es ist kaum zu schaffen und auch nicht notwendig, daß alle Kinder in einer Stunde ein Feedback zu ihrem Sozialverhalten bekommen. Diejenigen, die nicht an der Reihe waren, erhalten ihre Verhaltensspiegelung in der nächsten oder übernächsten Klassenstunde.

Traditionelle Spiele wie „Mein rechter Platz ist leer, ich wünsche mir XY her“ oder „Ich sitze hier und schneide Speck, und wer mich lieb hat, holt mich weg“ geben den Kindern einen Eindruck davon, ob sie bei den Mitschülern beliebt sind. Doch die Kinder mit einem schwierigen Sozialverhalten bekommen durch solche Spiele häufig vermittelt, daß sie bei den Mitschülern weniger beliebt oder gar unbeliebt sind. Dabei können sie nur ahnen, warum das so ist. Die oben beschriebene direkte Verhaltensspiegelung eröffnet ihnen die Chance, ihr negatives Sozialverhalten zu erkennen und zu ändern. Zudem brauchen die Spannungen nicht ständig unterschwellig oder durch Beschimpfungen und Schlägereien auf dem Pausenhof ausgetragen zu werden.

Schwierig ist die Situation, wenn ein Kind unbeliebt ist, einfach weil es „anders“ ist oder aus Schüchternheit nie mitmacht. Für solche Kinder kann die Verhaltensspiegelung eine Tortur bedeuten. Hier ist besonderes Einfühlungsvermögen nötig.

Spielerischer Aggressions- und Spannungsabbau

Anleitung:
Bitte stellt euch hin, und ballt eure Fäuste, stampft gleichzeitig mit den Füßen auf, und schreit so laut ihr könnt. Wenn ihr möchtet, könnt ihr euch an etwas erinnern, was euch wütend gemacht hat. Haltet eure Augen dabei offen.

Beenden Sie die Übung, indem Sie einen Arm hochheben.

Kommentar:
Die Übung hilft, Aggressionen und Spannungen abzubauen. Ebenso wie den Erwachsenen das Schreien auf dem Fußballplatz Spaß macht, haben die meisten Schüler und Schülerinnen, die in den beengten Wohnverhältnissen oft zu wenig Möglichkeiten haben, laut zu sein, viel Spaß an der Übung. Die Übung kann gut nach einer angespannten Situation oder vor einer Ruhephase durchgeführt werden. Es ist wichtig, daß Sie die Kinder nachdrücklich darauf hinweisen, daß die Übung mit Ihrem Handzeichen (nach etwa 30 bis 90 Sekunden) beendet ist.

Schimpfwörter zerreißen

Anleitung:
Alle Kinder schreiben ihre Schimpfwörter auf einen Zettel. Dann wird dieser Zettel in kleine Schnipsel zerrissen und in den Papierkorb geworfen.

Kommentar:
Die Übung können Sie gut nach einem Streit einsetzen oder in Situationen, in denen es den Schülern guttut, sich abzureagieren.

Körper und Geist

(Ab der vierten Klasse.)

Anleitung:
Bitte setzt euch bequem hin. Schließt die Augen. Stellt euch vor, ihr beißt entweder in eine Zitrone, ein Stück Seife, eine Schokolade, oder ihr leckt ein Eis. Stellt euch bitte nur eine Handlung vor. Beobachtet genau, was geschieht, wenn ihr euch vorstellt, wie ihr in eine Zitrone oder ein Stück Seife oder Schokolade beißt oder ein Eis leckt.

Kommentar:
Diese Übung kann Kinder für den Zusammenhang zwischen Körper und Geist sensibilisieren. Unsere Gedanken beeinflussen unsere Körperreaktionen und unser Handeln. Deshalb ist es wichtig, auf das zu achten, was wir denken.

Vertrauen in die eigene Leistungsfähigkeit stärken

(Ab der dritten Grundschulklasse.)

Anleitung:
Beispielsweise zu Beginn der Förderstunde sagen Sie langsam und mit ruhiger Stimme (evtl. zu leiser Musik) folgende oder ähnliche Sätze:
- Du bist ganz ruhig und konzentriert.
- Du kannst gut und klar denken.
- Du erinnerst dich an das, was du gut kannst.
- Du traust dir etwas zu und glaubst daran, daß du deine Leistungen verbesserst.
- Du gibst dein Bestes.

Kommentar:
Psychologische Forschungen haben ergeben, daß ein Zusammenhang besteht zwischen der Stärke des Selbstwertgefühls und den Reaktionen bei Erfolgs- oder Mißerfolgserlebnissen. Menschen mit einem hohen Selbstwertgefühl geben bei Mißerfolgserlebnissen nicht so schnell auf, sie versuchen mindestens noch einmal die Lösung zu finden.

Besonders Kinder mit einem negativen Selbstwertgefühl übertragen dieses häufig auf ihre Leistungsfähigkeit. Bewußt oder unbewußt, ihre Empfindungen häufig hinter einer „coolen" Fassade verbergend, glauben sie: Wenn ich nichts wert bin, kann ich auch nichts Wertvolles leisten. Deshalb geben sie bei Mißerfolgserlebnissen schnell auf. Das Vertrauen in die eigene Leistungsfähigkeit ist aber die Grundlage oder, bildlich gesprochen, der Motor bzw. die Bremse für das Handeln der Kinder. Die oben dargestellte Übung kann ihnen zumindest vorübergehend helfen, ihr Selbstwertgefühl hinsichtlich der eigenen Leistungsfähigkeit zu stabilisieren.

Dabei ist es jedoch wichtig, realistisch zu bleiben und den Kindern ehrlich zu sagen, daß das Zutrauen in die eigene Leistungsfähigkeit zwar wichtig ist, daß aber niemand nur durch positives Denken seine Leistungen sprunghaft verbessert. Ebenso wie Sportler, die ihre Leistungen verbessern möchten, zwar an ihre Steigerung glauben, aber auch trainieren müssen, können Kinder ihre Leistungen nur verbessern, wenn positives Denken und Üben zusammenkommen.

Sie als Lehrkraft müssen darüber hinaus ein Klima schaffen, in dem die Leistungsüberprüfung nicht als Bedrohung, also einschüchternd, sondern als positive Herausforderung, also anspornend, empfunden wird.

Praxishilfen

1. Wie können besonders unruhige Schülerinnen und Schüler an Entspannungsübungen herangeführt werden?

Einige Kinder, die normalerweise kaum in der Lage sind, ruhig zu sein, brauchen längere Zeit, um sich auf die Entspannungsübungen einzulassen. Wir fördern sie, indem wir ihnen besondere Zuwendung geben. Jüngeren Kindern, die häufig den Körperkontakt zu Lehrerinnen oder Lehrern suchen, können wir die Hand auf den Rücken oder den Kopf legen. Oft hilft es, wenn diese Kinder ein Kuscheltier oder ein weiches Kissen umarmen. Kissen in der Form eines Herzens sind bei einigen besonders beliebt. Manche Kinder beruhigen sich besser, wenn sie etwas mit ihren Händen tun können. Ihnen können wir eine Kugel aus Knetmasse, ein kleines, mit Sand gefülltes Säckchen oder einen Ball aus Schaumgummi in die Hände geben. Falls möglich, können wir sie in kleinen Gruppen auf die Übungen vorbereiten.

Wenn Kinder sich weigern, die Entspannungsübungen mitzumachen, oder wenn sie sich darüber lustig machen, zwingen wir sie nicht dazu. Wir können jedoch von ihnen erwarten, daß sie die Entspannung der anderen nicht stören, indem sie ruhig lesen oder leise mit Wachsmalstiften malen.

2. Drei Grundsätze für die Arbeit mit Kindern

Diese Grundsätze sollten Sie im Hinterkopf behalten:
- Die Erwartungen nicht zu hoch stecken!
- Nicht so schnell aufgeben!
- Auch die kleinen Erfolge sehen!

Wichtig ist es, die Einsatzmöglichkeiten von Entspannungsübungen realistisch einzuschätzen. Es ist leichter, die Kinder schon im Vorschulalter oder in den ersten Grundschuljahren an die Übungen heranzuführen. Da Klassenlehrer in der Regel eine intensivere Beziehung zu den Kindern haben als die Fachlehrer, ist es leichter, wenn sie die Kinder zuerst an die Entspannungsübungen heranführen. Wenn die Klasse erst einmal mit

Entspannungsübungen vertraut ist, kann sie auch von Fachlehrern angeleitet werden.

In jedem Fall ist es wichtig, vorher eine positive Schüler-Lehrer-Beziehung aufzubauen. Stehen Entspannungsübungen im Gegensatz zum Führungsverhalten des Lehrers oder der Lehrerin, kann es für Kinder und Lehrer eine Überforderung sein, Entspannungsübungen in dieser Klasse durchzuführen.

In der Volkshochschule, in Arztpraxen und anderen Institutionen werden Erwachsene, die bewußt nach mehr Entspannung suchen, in Gruppen von 7 bis 15 Personen zusammengefaßt. Da diese Gruppengröße in der Unterrichtspraxis nicht vorkommt, brauchen wir weder an uns noch an den Entspannungsmethoden zu zweifeln, wenn es uns nicht immer gelingt, Entspannungsübungen mit einer ganzen Klasse durchzuführen.

3. Wann und wie oft sollten Entspannungsübungen durchgeführt werden?

Die positiven Auswirkungen von Entspannungsübungen können wir am besten erfahren, wenn wir sie *täglich*, am besten immer zur gleichen Zeit, durchführen. Sinnvoll ist es, täglich gleich morgens zu Beginn des Unterrichts oder nach der ersten oder zweiten großen Pause eine drei- bis fünfminütige Entspannungsphase einzuschalten. Länger dauernde Entspannungsphasen, z. B. Phantasiereisen und Ausdrucksmalen, können in größeren Abständen in den Unterricht eingebaut werden.

Um den Kindern dabei zu helfen, sich auf ihre innere Welt zu konzentrieren, sollte das äußere Entspannungsprogramm recht schlicht gehalten werden. Das heißt, die *gleichen* Übungen (z. B. das Dehnen der Wirbelsäule, einige Minuten still sitzen und den Atem spüren oder still sitzen und Musik hören) können als strukturgebendes *Ritual* jeden Tag durchgeführt werden.

Erfahrungen aus der Praxis mit Entspannungsübungen

Die praktischen Erfahrungen in verschiedenen Schulklassen und in der Fortbildung haben gezeigt, daß die Anzahl der Lehrerinnen und Lehrer, die bereit ist, sich mit dem Thema Entspannung auseinanderzusetzen, wächst. An vielen Schulen werden schon Elemente der bewußten Entspannung in den Unterricht eingebaut. An einigen gibt es bereits Arbeitsgemeinschaften, in denen Schülerinnen und Schüler lernen, sich zu entspannen.

Meine bisherigen Erfahrungen in den Klassen verschiedener Schulen sind nicht ausreichend, um aus ihnen allgemeingültige Erkenntnisse ableiten zu können. Dennoch: Ich habe erste Erfahrungen gewonnen, die auch auf andere Klassen übertragbar sind.

Die meisten Schülerinnen und Schüler in Klassen oder Fördergruppen nehmen die Entspannungsübungen positiv auf und sind nach einer Entspannungsphase gelöster, gehen friedlicher miteinander um und arbeiten konzentrierter.

Es wurde auch deutlich, daß die Offenheit der Kinder für Entspannungsübungen im engen Zusammenhang mit dem Alter, dem sozialen Klima in der Klasse und dem Führungsstil der Lehrer und Lehrerinnen steht. Je jünger die Kinder sind, um so leichter ist es, sie an Entspannung heranzuführen. Werden Entspannungsübungen in den ersten Grundschuljahren eingeführt, so erwarten sie diese wie selbstverständlich. Sie entwickeln ein Gefühl dafür, daß ihnen die Entspannungsübungen guttun, und machen Lehrer darauf aufmerksam, wenn sie vergessen, mit ihnen diese Übungen durchzuführen. Kolleginnen und Kollegen berichten, daß sich in ihren Klassen durch das regelmäßige Durchführen von Entspannungsübungen das soziale Klima verbessert hat.

Jedoch nehmen die Kinder die Entspannungsübungen nur an, wenn sie spüren, daß ihre Lehrerinnen und Lehrer auch dahinterstehen.

Ebensowenig wie es Allheilmittel gibt, gibt es auch keine praktische Übung, die garantiert zu jeder Zeit alle Schülerinnen und Schüler anspricht und entspannt. Es bleibt der Sensibilität und der Kreativität der Lehrkräfte überlassen, herauszufinden, welche Entspannungsübung in welcher Situation für ihre Schülerinnen und Schüler richtig ist. Die nachfolgenden Praxiserfahrungen können also nur Anhaltspunkte geben.

Die meisten Kinder mögen es, entspannende Musik oder Phantasiegeschichten zu hören oder sich durch Malen auszudrücken. Auch die Körperübungen machen den meisten in den unteren Klassen Spaß.

Die Übungen zur Stärkung der Persönlichkeit und des sozialen Lernens werden dann am besten aufgenommen, wenn sie der aktuellen Klassensituation entsprechen. Zum Beispiel sind die Schüler für die Übung „Schimpfwörter zerreißen“ (vgl. S. 60) unmittelbar oder einen Tag nach einem Streit besonders offen. Das heißt, die Lehrerinnen oder Lehrer stellen in diesen aktuellen Konfliktsituationen den geplanten Unterrichtsstoff zugunsten dieser Übungen zurück. Ob sich die Kinder auf die Übung „Gefühle ausdrücken“ (vgl. S. 55) einlassen, hängt *sehr* von der Zusammensetzung und dem sozialen Klima der Gruppe ab. Oft trauen sich die Schülerinnen und Schüler erst, ehrlich über ihre Gefühle zu reden, wenn sie nach Geschlechtern getrennt sind, wenn also die allgemeineren Diskussionsergebnisse der Mädchengruppe der Jungengruppe mitgeteilt werden können und umgekehrt.

In beinahe jeder Klasse sitzen Kinder, die mit fast allen Übungen Schwierigkeiten haben. Sie halten Entspannung nicht aus und „müssen“ stören. Für einige Kinder ist eine ständige Geräuschkulisse so „normal“, daß sie die Stille während der Ruheübungen ohne Musik unbewußt als bedrohlich empfinden. Manche finden die Übungen langweilig – vermutlich sind es vor allem die, die aufgrund ihres negativen Selbstbildes Angst haben, sich durch die Übungen tiefer kennenzulernen, oder die durch den übertriebenen Fernsehkonsum gewohnt sind, ständig ein verändertes, sensationelles, aufregendes Programm von außen serviert zu bekommen.

Für Lehrerinnen und Lehrer ist es wichtig, daß sie sich nicht in jedem Falle durch die Bemerkungen der Kinder, es sei langweilig, irritieren lassen. Denn gerade das *Wiederholen der Übungen* (z. B. der Körper- oder Ruheübungen) ist wichtig, weil nur so das sensible Spüren und tiefe Eintauchen in sich selber oder auch in einen Unterrichtsstoff gefördert werden kann. Darüber hinaus können Wiederholungen den Kindern Sicherheit, Stabilität und Struktur geben. Alle Beteiligten brauchen *Zeit und Geduld*, um langsam mit der Entspannungsarbeit vertraut zu werden.

Die praktischen Erfahrungen bestätigen also, was schon in der Einleitung gesagt wurde, daß Entspannungsübungen zwar ein wichtiger, vor allem auch vorbeugend wirkender *Mosaikstein* zur Förderung des Sozial- und Leistungsverhaltens sind, daß aber Kinder mit Verhaltens- und Lernstörungen *zusätzliche Fördermaßnahmen* brauchen.

Wir dürfen von Entspannungsübungen also keine Wunder erwarten. Das bedeutet auch, daß beim Anleiten von Entspannungsübungen ähnlich wie im „ganz normalen" Unterricht einmal etwas danebengehen kann. Doch Sie geben es ja auch nicht auf, die traditionellen Fächer, z. B. Deutsch oder Mathematik, zu unterrichten, nur weil Stunden nicht so gut liefen, wie Sie es erwartet hatten. Den fachlichen Teil des Rahmenplans im Rücken, machen Sie trotz mancher Mißerfolgserlebnisse weiter; Sie suchen nach anderen Methoden, die Unterrichtsinhalte Ihres Faches zu vermitteln. Was hindert uns, uns ebenso stark auf die allgemeinen Richtlinien zu berufen und bei der Ein- und Durchführung von Entspannungsübungen ebenso vorzugehen?

Die Sorge, nicht genug *qualifiziert* zu sein, um Entspannungsübungen durchzuführen, oder durch sie in die *Persönlichkeitsentwicklung* einzugreifen und Schülerinnen oder Schülern zu schaden, zeugt von Verantwortungsgefühl. Doch stellt sich die Frage, ob es überhaupt einen Unterricht gibt, der nicht in die Persönlichkeit der Kinder eingreift. Darüber hinaus ist zu fragen, ob wir in der jetzigen Schulsituation überhaupt die Wahl haben, alles beim alten zu lassen. Letztendlich müssen Sie sich diese Frage selbst beantworten.

Vielleicht können die folgenden Berichte über Praxiserfahrungen einiger Kollegen Ihnen helfen, Ihre Antwort zu finden. „Ich habe die Phantasiereisen zum Ende des Sportunterrichts eingesetzt. Die Kinder, auch die Jungen, die sonst oft nur aktiv sein wollen, waren ruhig und begeistert." – „Ich habe eine Fördergruppe in Deutsch. Wir machen vor jeder Förderstunde einige Minuten Entspannung. Die Kinder haben sich richtig daran gewöhnt, sie mögen das, und ich habe den Eindruck, die können dann tatsächlich besser lernen." – „Montags mache ich mit meiner Klasse oft das entspannende Malen. Ich habe den Eindruck, die Kinder können dadurch das Wochenende besser verarbeiten." – „Ich habe die Entspannungsübungen gleich am ersten Schultag eingeführt. Für mich und meine erste Klasse sind Entspannungsübungen ganz alltäglich geworden. Natürlich gibt es nicht jeden Tag eine Phantasiegeschichte, aber so ein paar kurze Körperübungen oder einige Minuten Musik hören oder still sein, das tut den Kindern – und auch mir – immer gut."

Literatur

DREVER, JAMES/FRÖHLICH, WERNER O.: Wörterbuch zur Psychologie, München 1975

FAUST-SIEHL/BAUER/BAUR/WALLASCHEK: Mit Kindern Stille entdecken, Frankfurt am Main 1992

HEITMEYER, WILHELM: Desintegration und Gewalt. In: Schule ohne Gewalt. Pädagogisches Zentrum (Hg.), Berlin 1992

HENSEL, ROLF: Auf dem Weg zu weniger Gewalt – auch durch das Leben in der Schule. In: Binnendifferenzierung, Heft 27, 1992, S.11–38

HUHN, GERHARD: Verhindert Schule Kreativität? In: Muse – Zeitschrift für Musik und Eltern, Heft 4/1992

HUNT, DIANA/HAIT, PAM: Das Tao der Zeit, Düsseldorf 1992

HURRELMANN, KLAUS: Eine gute Schule ist der beste Beitrag zur Jugendpolitik. In: Humane Schule, 19. Jahrgang, Mai 1993

LANG, GUNDA: Besser in der Schule. Mentaltraining für Kinder und Jugendliche, München 1989

MIDDENDORF, ILSE: Der erfahrbare Atem, Paderborn 1984

MÜLLER, ELSE: Auf der Silberstraße des Mondes. Autogenes Training mit Märchen zum Entspannen und Träumen, Frankfurt am Main 1985

MÜLLER, ELSE: Du spürst unter deinen Füßen das Gras, Frankfurt am Main 1984

MURDOCH, MAUREEN: Dann trägt mich meine Wolke ..., Freiburg 1989

PETERMANN, FRANZ/PETERMANN, ULRIKE: Training mit aggressiven Kindern, Weinheim 1991

PORTMANN, ROSEMARIE/SCHNEIDER, ELISABETH: Spiele zur Entspannung und Konzentration, München 1993

ROZMAN, DEBORAH: Mit Kindern meditieren. Die Kunst der Konzentration und Verinnerlichung, Frankfurt am Main 1979

SCHMIDBAUER, WOLFGANG: Jugendlexikon Psychologie, Hamburg 1976

SCHUBERT, BETTINA: Erziehung als Lebenshilfe, Frankfurt am Main 1993

TEML, HUBERT: Entspannt lernen. Streßabbau, Lernförderung und ganzheitliche Erziehung, Linz und Passau 1987

TEML, HELGA und HUBERT: Komm mit zum Regenbogen. Phantasiereisen für Kinder und Jugendliche, Linz 1991

TRÄBERT, DETLEF: Was ist mit den Kindern los? In: Humane Schule, 19. Jahrgang, Mai 1993

VESTER, FREDERIC: Denken, Lernen, Vergessen, Stuttgart 1978

WALKER, JAMIE: Gewaltfreier Umgang mit Konflikten in der Grundschule, Frankfurt am Main 1995

Verzeichnis der Abbildungen